ISBN 978-3-86827-361-8

First edition 2012

Deutsch von Cornelia Rohleder
Satz: Verlag der Francke-Buchhandlung GmbH
Printed in Singapore

www.francke-buch.de

Romy Wohlgemuth

Marion Thomas · Honor Ayres

Die bunte Francke Kinderbibel für die Kleinen

Das Alte Testament

Das Neue Testament

Das Alte Testament

Am Anfang

1. Mose 1,1–8

Am Anfang gab es nichts, überhaupt nichts. Alles war dunkel. Da sagte Gott: „Es soll Licht werden!“ Und plötzlich wurde es an allen dunklen Orten hell. Gott sah, dass es gut war. Er nannte das Licht „Tag“ und die Dunkelheit „Nacht“. Dann trennte Gott den Himmel vom Wasser. Der Himmel war oben, das Wasser unten. Auch das war gut.

Gott erschafft Bäume und Pflanzen

1. Mose 1,9–13

Gott sammelte das Wasser an bestimmten Stellen, sodass es jetzt Erde und Meer gab, Strände und plätschernde Flüsse. Gott gefiel alles sehr gut. Doch dann machte er dazu noch Pflanzen und Bäume und Früchte und Blumen – und es gefiel ihm noch viel besser.

Gott erschafft Sonne, Mond und Sterne

1. Mose 1,14–19

Gott erschuf die strahlende Sonne, die tagsüber scheinen sollte, und den silbernen Mond für die Nacht. Er streute Sterne an den Nachthimmel, damit sie in der Dunkelheit funkeln sollten. Gott fand das, was er gemacht hatte, sehr gut.

Gott erschafft Fische und Meerestiere

1. Mose 1,20–23

Gott füllte die Meere mit großen und kleinen Geschöpfen. Es gab Tiere mit Rückenflossen und Schwanzflossen, mit denen sie schwimmen konnten, während andere über den Meeresboden hüpften oder krabbelten. Einige schwammen hin und her und andere konnten aus dem Wasser in die Luft springen.

Gott erschafft Vögel und Schmetterlinge

1. Mose 1,20–23

Gott schuf für den Himmel alle möglichen Tiere mit Federn und Flügeln. Viele waren sehr bunt und füllten die Luft mit Gesang und Gezwitscher. Andere waren sanft und graziös und leise. Gott sah, dass alles, was er gemacht hatte, sehr gut war.

Gott erschafft viele Tiere

1. Mose 1,24–25

Gott schuf jede erdenkliche Art von Tieren, die auf dem Land leben sollten. Es gab Kamele und Giraffen, Tiger und Chamäleons, Krokodile und Nilpferde. Jetzt war Gottes Welt voller lustiger Geräusche, farbenfroher Geschöpfe und dem Duft von blühenden Blumen und Bäumen. Gott war sehr zufrieden mit den schönen Dingen, die er gemacht hatte.

Gott erschafft die Menschen

1. Mose 1,26–31

Dann machte Gott einen Mann und eine Frau – Menschen, die sich um all das kümmern sollten, was er erschaffen hatte. Die Menschen waren anders als die Tiere. Gott konnte mit ihnen reden und sie konnten ihm antworten. Sie konnten denken und fühlen, sprechen und glücklich sein. Sie liebten das, was Gott geschaffen hatte, so wie er selbst es liebte. Gott sah, dass alles sehr, sehr gut war.

Gott macht eine Pause

1. Mose 2,1–3

Gott hatte Himmel und Erde geschaffen und sie mit allen möglichen Lebewesen gefüllt, mit großen und kleinen, weichen und haarigen, harten und stacheligen. Er hatte Bäume und Pflanzen gemacht, die Früchte trugen und das Land bedeckten. Alles war gut geworden. Alles war wunderschön. Jetzt machte Gott eine Pause – und ruhte sich von der Arbeit aus.

Der Garten Eden

1. Mose 2,8–17

Die ersten Menschen, die Gott geschaffen hatte, waren seine Freunde. Adam und Eva lebten in einem wunderschönen Garten in Eden. Gott schenkte ihnen alles, was sie brauchten. Ein Fluss mit klarem Wasser floss durch den Garten. Die Bäume waren übervoll mit leckeren Früchten, die sie essen konnten. „Doch esst nicht von dem Baum, der in der Mitte des Gartens steht“, warnte Gott sie.

Die hinterhältige Schlange

1. Mose 3,1–13

„Hat Gott euch etwa gesagt, ihr sollt nicht von diesem Baum dort essen?“, flüsterte eines Tages eine Schlange. Eva schaute auf die saftigen, reifen Früchte. Sie pflückte eine und probierte sie. Sie schmeckte wunderbar. Dann gab sie Adam eine Frucht. Doch als sie diese Früchte gegessen hatten, fiel Adam und Eva ein, dass sie die Regel übertreten hatten, die Gott ihnen gegeben hatte. Sie schämten sich so sehr, dass sie sich versteckten.

Alles ist zerstört

1. Mose 3,14–24

Gott wusste, was Adam und Eva getan hatten. Er hatte den Menschen vertraut, die er geschaffen hatte, doch sie hatten sich entschieden, ihm nicht zu gehorchen. Jetzt waren Adam und Eva unglücklich. Sie mussten den wunderschönen Garten wieder verlassen. Nichts würde mehr so sein wie zuvor.

Die Kinder von Adam und Eva

1. Mose 4,1–5

Adam und Eva bekamen zwei Söhne. Kain pflanzte Getreide und Früchte, die man essen konnte. Abel hielt Schafe und Ziegen. „Gott ist so gut zu uns gewesen“, sagte Abel, als er seine Lämmer sah. „Ich möchte ihm ein Geschenk machen.“ Abel bot Gott sein schönstes Lamm an. Kain wollte Gott etwas von seiner Ernte schenken. Gott erkannte, dass Abel ein gutes Herz hatte. Doch Kain hatte das nicht.

Kain und Abel

1. Mose 4,6–9

Kain war eifersüchtig auf seinen Bruder. Er schmollte. „Sei vorsichtig“, warnte Gott ihn. „Pass auf, dass deine Wut nicht außer Kontrolle gerät.“ Doch Kain hörte nicht auf Gott. Er lud Abel ein, gemeinsam ein Opfer zu bringen. Dabei tötete er seinen Bruder. „Wo ist dein Bruder?“, fragte Gott Kain. „Ich weiß es nicht“, log er. „Bin ich denn sein Aufpasser?“

Gott bestraft Kain

1. Mose 4,10–15

„Was hast du getan?“, fragte Gott. „Ich weiß, dass du das Blut deines Bruders vergossen hast. Du musst sofort diesen Ort verlassen. Du wirst dich dein Leben lang schuldig fühlen für das, was du getan hast. Du wirst nirgendwo Frieden finden.“ Kain war voller Angst. „Bitte bestrafe mich nicht so hart“, bat er Gott.
„Ich werde nicht zulassen, dass dich jemand tötet“, versprach Gott. „Ich werde dich beschützen.“

Gottes Plan

1. Mose 6,5–17

Gott hatte eine perfekte Welt erschaffen. Doch die Menschen, die er gemacht hatte, waren nicht nett zueinander. Schon bald betrogen sie einander, sie töteten sich gegenseitig, bekämpften sich und waren Diebe. Es gab nur noch einen Mann, der Gott gefiel.

Sein Name war Noah. Gott sagte Noah, dass es bald eine schlimme Flut geben sollte, die alles Leben auf der Erde zerstören würde.

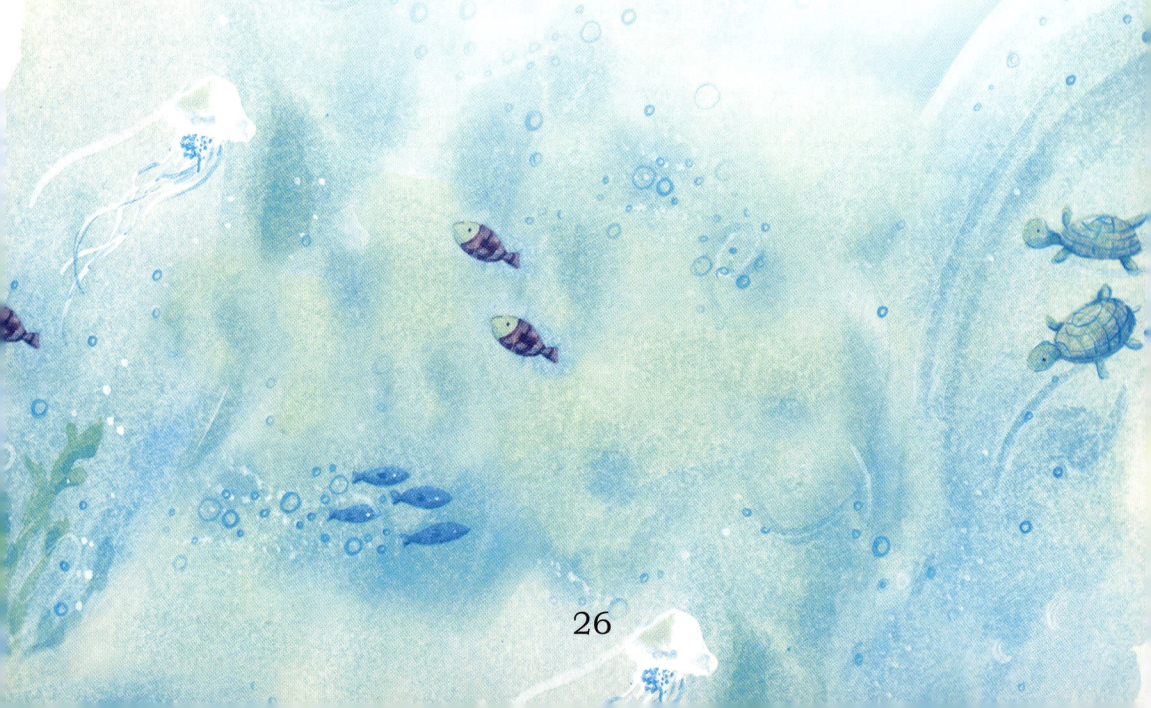

Noah baut eine Arche

1. Mose 6,18–22

Noah hatte eine Frau und drei erwachsene Söhne. Auch seine Söhne waren verheiratet. Noah war schon ein sehr alter Mann, als Gott ihn anwies, eine Arche zu bauen. Das ist ein großes Schiff. Noah vertraute Gott. Er begann damit, Bäume zu fällen, um Bretter für das Schiff zu sägen. Er machte alles genau so, wie Gott es ihm gesagt hatte, bis die Arche fertig war. Das dauerte sehr lange.

Zwei und zwei

1. Mose 7,1–9

Gott sagte zu Noah, dass er die Tiere paarweise in die Arche bringen sollte, große und kleine, damit sie vor den Wasserfluten gerettet wurden. Auf diese Weise würde es viele Tiere geben, die danach Gottes Erde wieder bewohnen konnten. Die Tiere kamen zu Noah und gingen in die Arche, immer zwei und zwei zusammen, ein Männchen und ein Weibchen. Zum Schluss folgte ihnen Noahs Familie.

Die Flut

1. Mose 7,10–12;17–24

Gott selbst schloss die Tür der Arche. Und dann begann es zu regnen. Zuerst langsam, gleichmäßige kleine Tropfen, dann immer größere Tropfen Regen fielen herab, Stunde um Stunde, Tag um Tag. Der Regen trommelte auf das Dach, ließ die Flüsse ansteigen und tränkte den Boden. Bald bedeckten die Wassermassen die Erde. Dann stiegen sie bis zu den Baumwipfeln. Doch die Arche schwamm oben auf dem Wasser.

Der Rabe und die Taube

1. Mose 8,6–11

Nach vierzig Tagen und vierzig Nächten wurde es plötzlich still. Kein Regen prasselte mehr auf das Dach. Noah wartete geduldig, während draußen der Wind wehte. Dann ließ er einen Raben fliegen – doch der Vogel kehrte nicht zurück. Noah wartete noch ein wenig länger und ließ dann eine Taube fliegen. Als sie zurückkehrte, sah Noah, dass sie einen frischen Olivenzweig im Schnabel hatte!

Alle verlassen die Arche

1. Mose 8,15–19

Jetzt wusste Noah, dass die Pflanzen wieder gewachsen waren. Die Arche blieb auf dem Berg Ararat liegen, während die Wassermassen allmählich zurückgingen. Als das Land wieder trocken war, sagte Gott zu Noah, dass er die Tür öffnen sollte. Alle Vögel und Tiere verließen die Arche und suchten sich auf der neuen Erde, die Gott ihnen geschenkt hatte, einen Platz zum Leben. Sie waren frei.

Der Regenbogen

1. Mose 8,20–22; 9,12–17

Noah baute einen Altar und dankte Gott, dass er ihn zusammen mit seiner Familie und den Tieren gerettet hatte. Ein wunderschöner Regenbogen erschien am Himmel. „Ich werde die Erde niemals wieder durch eine Flut zerstören“, erklärte Gott. „Wann immer ihr einen Regenbogen seht, sollt ihr euch daran erinnern: Das ist mein Versprechen an euch.“

Gott spricht zu Abraham

1. Mose 12,1–4

Einige Jahre waren vergangen und wieder lebten viele Menschen auf der Erde. Gott sagte zu Abraham: „Ich habe dich ausgesucht, Abraham. Ich will deine Familie zu einem großen Volk machen und besonders segnen. Verlasse dein Heimatland und ich werde dir zeigen, wo du hingehen sollst.“

Ein Zuhause in Kanaan

1. Mose 12,5

Abraham war schon ein alter Mann. Er hatte eine Frau und einen Neffen, Diener, Schafe, Ziegen und Kamele. Er wusste nicht, wo er hingehen sollte, und er wusste auch nicht, wie lange es dauern würde, doch Abraham vertraute Gott. Er packte seine Zelte zusammen und begann die Reise durch die heiße, staubige Wüste.

Gott segnet Abraham

1. Mose 12,7

Als Abraham Kanaan erreichte, sah er, dass es ein grünes, fruchtbares Land war. Es war ein guter Ort, um dort zu wohnen. „Ich werde dich segnen“, sagte Gott zu ihm. „Dieses Land wird deinen Kindern und deiner ganzen Familie gehören. Du wirst so viele Nachkommen haben, wie es Sterne am Himmel gibt.“

Drei besondere Besucher

1. Mose 18,1–8

Abraham wusste, dass Gott seine Versprechen hielt. Doch er fragte sich, wie er so viele Nachkommen haben sollte, weil er und seine Frau Sarah doch keine eigenen Kinder hatten. Dann, an einem heißen Tag, kamen drei Männer, um Abraham zu besuchen. Er wusste bald, dass sie mit einer Botschaft von Gott zu ihm gekommen waren. Abraham hieß seine Besucher willkommen.

Der kleine Isaak

1. Mose 18,9–12; 21,1–6

Die Besucher versprachen Abraham, dass Sarah in einem Jahr, wenn sie wieder zu Besuch kommen würden, ihren eigenen kleinen Sohn im Arm halten würde. Sarah lachte laut, als sie dieses Versprechen hörte. Sie dachte, dass sie für ein Baby schon längst viel zu alt sei. Doch Gott hielt sein Versprechen. Abraham und Sarah bekamen einen kleinen Jungen, den sie Isaak nannten. Das bedeutet „Lachen".

Ein trauriger Tag für Abraham

1. Mose 22,1–6

Isaak wuchs heran und wurde ein kräftiger Junge. Er machte seine Eltern sehr glücklich. Doch eines Tages hörte Abraham, wie Gott wieder zu ihm sprach. Was wollte Gott von ihm? Er sollte seinen einzigen Sohn opfern? Sicher konnte er das nicht so meinen, oder? Doch Abraham liebte Gott. Er vertraute ihm. Also gingen Abraham und Isaak hinauf auf den Berg, um Gott ein ganz besonderes Geschenk zu machen.

Das ganz besondere Geschenk

1. Mose 22,7–12

„Wo ist denn das Tier für das Opfer, Papa?“, fragte Isaak seinen Vater. „Für das Opfer wird Gott schon sorgen“, antwortete Abraham. Er wusste, dass Isaak ihm vertraute, so wie er selbst Gott vertraute. Als Abraham plötzlich sein Messer nahm, um Gott seinen kostbaren Sohn als Opfer anzubieten, rief ein Engel: „Halt.“ Gott wusste jetzt, dass Abraham ihn liebte und ihm vollkommen vertraute.

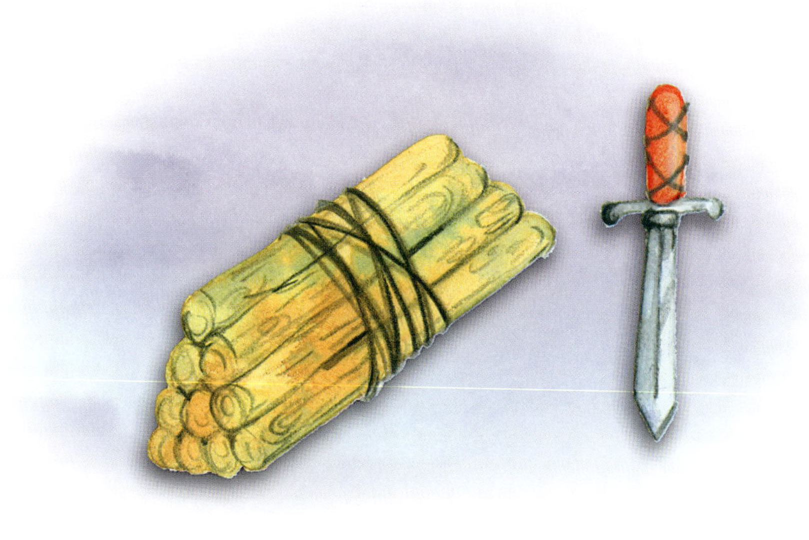

Gottes Segen

1. Mose 22,13–18

Abraham umarmte seinen Sohn ganz fest. In diesem Moment sah er, dass ein Schafbock sich in einem Gebüsch in der Nähe verfangen hatte. Er bot Gott den Schafbock als Opfer an. „Ich weiß, dass du mich liebst, Abraham. Und jetzt weiß ich auch, dass du mir vollkommen vertraust, denn du hast mir gehorcht, auch als du es nicht verstanden hast. Ich werde dich jetzt und immer segnen."

Eine Frau für Isaak

1. Mose 24,1–14

Als Isaak erwachsen geworden war, schickte Abraham seinen Diener los, damit dieser eine Ehefrau für Isaak finden sollte. Isaak sollte ein Mädchen heiraten, das gut und freundlich war und Gott liebte. „Ich möchte sicher sein, dass ich das richtige Mädchen finde", betete der Diener zu Gott. „Deshalb soll das ein Zeichen sein: Wenn sie mir Wasser anbietet – und auch für meine zehn Kamele Wasser schöpft –, ist sie die Richtige!"

Die Gebetserhörung

1. Mose 24,15–27

Als Rebekka zum Brunnen kam, fand Abrahams Diener, dass sie eine sehr schöne Frau sei. Doch war sie auch freundlich und hatte sie ein gutes Herz? „Ich werde dir etwas Wasser schöpfen", sagte sie zu Abrahams Diener. „Und dann werde ich auch für deine durstigen Kamele etwas holen. Es sieht aus, als hättest du eine lange Reise hinter dir." Der Diener lächelte. Gott hatte sein Gebet erhört.

Zwei kleine Jungen

1. Mose 25,24–26

Isaak heiratete Rebekka. Nach einiger Zeit segnete Gott sie mit nicht nur einem, sondern gleich zwei Söhnen – Zwillinge! Esau wurde als Erster geboren. Er war kräftig und hatte viele Haare. Jakob kam nach ihm und hielt sich bei der Geburt an Esaus Fuß fest. Jetzt hatten Isaak und Rebekka viel zu tun.

Jakob und Esau

1. Mose 25,27–28

Esau wuchs heran und wurde ein guter Jäger. Isaak liebte seinen Sohn und war sehr stolz auf ihn. Jakob war ein guter Koch und verbrachte lieber Zeit mit seiner Mutter. Oft kam Esau abends nach einem langen Tag von der Jagd nach Hause und freute sich auf ein leckeres, duftendes Abendessen.

Esaus voreiliges Versprechen

1. Mose 25,29–34

Eines Tages kochte Jakob einen leckeren Linseneintopf. Esau roch das Essen schon lange, bevor er zum Zelt kam. „Ich würde alles tun, um etwas von dem Linseneintopf zu bekommen. Ich sterbe vor Hunger!“, sagte er. „Gut“, antwortete Jakob. „Du kannst etwas davon haben – wenn du mir deinen Platz als Erstgeborener überlässt, damit ich eines Tages den Segen unseres Vaters bekomme.“ So tauschte Esau sein Erstgeburtsrecht gegen eine Schüssel voller Linsen.

Der Segen des Vaters

1. Mose 27,1–4

Isaak war inzwischen alt und blind geworden. Er wusste, dass er bald sterben würde. „Esau“, sagte er zu seinem älteren Sohn, „nimm deinen Bogen und deine Pfeile und bring mir etwas zu essen. Dann will ich dich segnen, bevor ich sterbe.“ Esau verließ seinen Vater und ging zur Jagd.

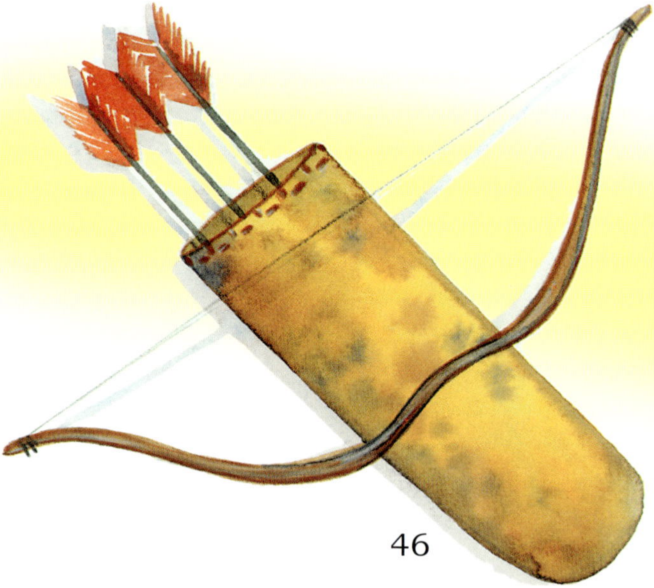

Der Wunsch der Mutter

1. Mose 27,5–17

Rebekka wusste, dass Esau zur Jagd gegangen war. Sie wollte aber, dass Jakob den Segen des Vaters erhielt. Darum begann sie, für Isaak ein Essen zu kochen, und rief nach Jakob. „Schnell! Zieh dir Esaus Kleider an“, sagte sie zu ihrem jüngeren Sohn. Damit Jakob vortäuschen konnte, dass er Esau war, der eine kräftig behaarte Haut hatte, band sie Ziegenfelle um seine Arme und seinen Nacken.

Jakob betrügt seinen Vater

1. Mose 27,18–29

Isaak war überrascht, als Jakob das dampfende Essen zu ihm brachte. „Ich glaube, du hattest heute Jagdglück“, sagte er zu seinem Sohn. Jakob roch wie Esau. Jakob fühlte sich wie Esau an. Also musste er ganz gewiss Esau sein, dachte Isaak. „Möge Gott dich segnen und dich beschützen. Mögest du reich werden und über deinen Bruder herrschen“, sagte Isaak.

Jakob muss fliehen

1. Mose 27,30–45

Als Esau zurückkehrte, bat er Isaak, ihn zu segnen. Doch es war zu spät. Isaak tat das sehr leid und Esau war außer sich vor Wut. Und Rebekka machte sich große Sorgen! Sie und Jakob entschieden, dass es das Beste sei, wenn Jakob zu ihrem Bruder Laban floh, um dort zu wohnen. Also verließ Jakob seine Familie und reiste zu dem Ort, an dem Laban und seine zwei Töchter lebten.

Die Himmelsleiter

1. Mose 28,10–22

In dieser Nacht schlief Jakob unter freiem Himmel mit einem Stein als Kopfkissen. Und Jakob träumte. In seinem Traum sah er, wie Engel eine Leiter auf und ab stiegen, die bis in den Himmel reichte. Gott sprach vom Himmel herab zu Jakob und versprach ihm, dass er ihn segnen und beschützen würde, so wie er es bei seinem Vater und Großvater getan hatte.

Jakob verliebt sich

1. Mose 29,1–19

Als Jakob das Haus seines Onkels fast erreicht hatte, begegnete er einem wunderschönen Mädchen namens Rahel, das einige Schafe hütete. Jakob wollte alles über Rahel erfahren. Er stellte bald fest, dass sie die Tochter seines Onkels Laban war. Jakob versprach seinem Onkel, dass er sieben Jahre lang für ihn arbeiten würde, wenn er dafür Rahel heiraten durfte.

Labans gemeiner Trick

1. Mose 29,20–25

Tag für Tag arbeitete Jakob für Laban. Die Zeit schien ihm wie im Flug zu vergehen, denn er wusste, dass er bald die wunderschöne Rahel heiraten würde. Doch nach der Hochzeit, als Jakob den Schleier seiner Frau hob, sah er, dass Laban ihn mit Lea verheiratet hatte, Rahels älterer Schwester! Jakob war sehr wütend. Die arme Lea war sehr traurig.

Ein glückliches Ende

1. Mose 29,26–28

Laban erklärte Jakob, es sei bei ihnen üblich, dass die älteste Schwester zuerst heiratete. Doch er bot an, dass Jakob auch noch Rahel heiraten durfte – wenn er weitere sieben Jahre für ihn arbeiten und auf seine Schafe und Ziegen aufpassen würde. Damals waren viele Männer mit mehr als einer Frau verheiratet. Jakob war glücklich. Er heiratete auch noch Rahel und hatte nun zwei Frauen.

Eine Menge Frauen und Kinder

1. Mose 29,31–30,24; 35,16–18

Gott sah, dass Jakob Rahel lieber hatte als Lea, also segnete er Lea mit vielen Kindern. Es dauerte sehr lange, bis auch Rahel zwei Söhne bekam. Jakob hatte nun eine große Familie: eine Tochter namens Dina und zwölf Söhne. Sie hießen Ruben, Simeon, Levi, Juda, Dan, Naftali, Gad, Asser, Issachar, Sebulon, Josef und Benjamin.

Jakob möchte wieder zurück nach Hause

1. Mose 30,25–36

Jakob hatte viele Jahre bei Laban gelebt. Er wollte endlich wieder nach Hause zurückkehren. Doch Laban wusste, dass Gott ihn segnete, solange Jakob bei ihm war. „Geh jetzt noch nicht“, sagte der listige Onkel. „Warte doch, bis du selbst eine große Herde hast. Alle gefleckten oder gesprenkelten Schafe und Ziegen sollen dir gehören.“ Doch dann versteckte Laban alle gefleckten Tiere, sodass Jakob keine eigene Herde bekommen konnte.

Jakob überlistet seinen Onkel

1. Mose 30,37–31,21

Laban glaubte, dass er besonders schlau war. Doch Gott segnete Jakob, sodass er noch eine bessere Idee hatte. Er fand eine Möglichkeit, viele gefleckte Schafe und Ziegen zu züchten. Bald gab es überall, wohin man nur schaute, schwarz-weiß gemusterte Tiere! Da rief Jakob seine Frauen, seine Kinder und seine Tiere zusammen – und schlich sich heimlich davon.

Freunde und Brüder

1. Mose 32,23–33,16

Viele, viele Jahre lang, seitdem er sein Zuhause verlassen hatte, hatte Jakob seinen Bruder Esau nicht gesehen. Er machte sich große Sorgen, dass er immer noch wütend auf ihn war. In der Nacht vor dem Wiedersehen kämpfte Jakob mit einem Fremden. Jakob wusste, dass er in diesem Fremden Gott begegnet war – und dass Gott ihn segnen würde. Als Jakob und Esau sich trafen, waren sie sehr glücklich, einander zu sehen. Esau hatte Jakob vergeben.

Jakobs Lieblingssohn

1. Mose 37,3–4

Rahel, Jakobs Frau, war bei der Geburt des kleinen Benjamin gestorben. Josef war ihr ältester Sohn. Unter den vielen Kindern war Josef der Lieblingssohn von Jakob. Jakob schenkte ihm einen wunderschönen bunten Mantel, um ihm zu zeigen, wie sehr er ihn liebte. Doch Jakob hatte noch andere Söhne – und sie wurden neidisch und wütend.

Josef, der Träumer

1. Mose 37,5–11

Eines Nachts träumte Josef, dass er und seine Brüder auf dem Feld Getreidegarben banden. Josefs Garbe stand aufrecht – und die Garben seiner Brüder verneigten sich vor ihr. Dann träumte Josef, dass sich Sonne, Mond und elf Sterne vor ihm verbeugten. Josef erzählte seiner Familie von seinen Träumen. Es klang so, als würde die ganze Familie Josef eines Tages wie einen König verehren.

Der Ärger beginnt

1. Mose 37,12–19

Josef blieb meistens zu Hause, wenn seine Brüder auf die Schafe und Ziegen ihres Vaters aufpassten. Eines Tages schickte Jakob seinen Sohn Josef hinaus zu ihnen. Sie waren weit entfernt und schon sehr lange von zu Hause weg. Josef machte sich fröhlich auf den Weg. Doch als seine Brüder sahen, dass er kam, hatten sie eine schreckliche Idee.

Ein schrecklicher Plan

1. Mose 37,20–24

Als Josef endlich bei seinen Brüdern ankam, hatten sie schon beschlossen, dass es der ganzen Familie besser gehen würde, wenn es Josef nicht mehr gäbe. Sie waren bereit, Josef verschwinden zu lassen. Die meisten wollten ihn sogar töten! Sie rissen ihm den bunten Mantel herunter und warfen ihn in ein Erdloch in der Nähe, um dann zu beraten, was sie mit ihm machen sollten.

Der lange Weg nach Ägypten

1. Mose 37,25–35

Als sie noch am Überlegen waren, kamen einige Gewürzhändler auf ihren Kamelen vorbei. Die Händler waren damit einverstanden, zwanzig Silbermünzen zu bezahlen, wenn sie dafür Josef mit nach Ägypten nehmen und dort als Sklaven verkaufen konnten. Die Brüder tauchten Josefs Mantel in Ziegenblut und erzählten Jakob, dass ihr kleiner Bruder von einem wilden Tier getötet worden sei. Sie waren überzeugt, dass sie Josef nie wiedersehen würden.

Als Sklave bei Potiphar

1. Mose 39,1–5

In Ägypten wurde Josef als Sklave an Potiphar verkauft. Er konnte nicht begreifen, warum ihm diese schrecklichen Dinge passiert waren. Doch Potiphar war ein guter Mensch. Als Josef in seinem Haus Sklave wurde, behandelte Potiphar ihn freundlich. Gott hatte Josef nicht vergessen. Gott segnete alles, was er tat.

Neuer Ärger beginnt ...

1. Mose 39,6–20

Potiphars Frau bemerkte, dass Josef ein gut aussehender junger Mann war. Tag für Tag schlich sie ihm hinterher und versuchte, ihn zu überreden, dass er sie küssen sollte! Josef aber wusste: Es ist nicht richtig, die Frau seines Herrn zu küssen. Also ging er ihr aus dem Weg. Das machte Potiphars Frau so wütend, dass sie ihrem Mann Lügen über Josef erzählte. Und Josef wurde ins Gefängnis geworfen.

Träume, noch mehr Träume

1. Mose 40,1–22

Im Gefängnis traf Josef auf den Bäcker und den Diener des Königs. Bald schon fragten sie Josef, ob er ihnen helfen könnte. Sie hatten seltsame Träume gehabt. Mit Gottes Hilfe konnte Josef den beiden ihre Träume erklären. Für den Diener hatte Josef gute Nachrichten. Sein Traum bedeutete, dass er in drei Tagen wieder für den König arbeiten würde. Doch für den Bäcker hatte er eine traurige Botschaft. In drei Tagen sollte er getötet werden … Es geschah alles genau so, wie Josef es gesagt hatte.

Zwei Jahre später ...

1. Mose 41,1–8

Als der Diener aus dem Gefängnis entlassen wurde, versprach er, dem König von Josef zu erzählen, weil der doch unschuldig war. Doch sehr schnell hatte der Diener Josef vergessen – bis der König selbst eines Nachts seltsame Träume hatte: von Kornähren und sieben fetten Kühen, die von sieben mageren, knochigen Kühen gefressen wurden. Plötzlich erinnerte sich der Diener wieder an Josef!

Gottes Warnung

1. Mose 41,9–24

„Ich kenne jemand, der dir helfen kann!“, sagte der Diener zum König. „Es gibt einen Israeliten im Gefängnis, der weiß, was Träume bedeuten können …“ Also wurde Josef aus seiner Gefängniszelle geholt, gewaschen, rasiert und in neue Kleider gesteckt. Dann erzählte der König Josef von seinen seltsamen Träumen. „Nur Gott kann dir helfen“, sagte Josef. „Er sendet dir damit eine Warnung.“

Gute und schlechte Ernten

1. Mose 41,25–49

Josef erklärte dem König: „Bald kommen sieben Jahre, in denen so viel geerntet wird, dass die Scheunen zu klein werden, um alles Getreide zu lagern! Doch dann kommt sieben Jahre lang eine schreckliche Hungersnot. Du musst einen Mann bestimmen, der in den guten Jahren das Getreide einsammelt, sodass es für die Zeit der Hungersnot ausreicht.“ Der König wusste sofort, dass Josef der Richtige dafür war! So kam es, dass Josef von einem Sklaven im Gefängnis zu einem mächtigen Mann in Ägypten wurde. Nur der König war noch mächtiger als er.

Hungersnot in Israel

1. Mose 41,55–42,3

Schon bald trug Josef elegante Kleidung und teuren Schmuck. Er reiste mit seiner eigenen Kutsche. Alles geschah so, wie er es vorausgesagt hatte. Als die Hungersnot begann, öffnete er die Vorratsscheunen und sorgte dafür, dass jeder in Ägypten genug zu essen hatte. Doch in Kanaan hungerten die Menschen, auch Josefs Familie. Jakob schickte zehn seiner Söhne nach Ägypten, um dort Essen zu kaufen. Nur Benjamin sollte zu Hause bleiben, weil der Vater so an ihm hing.

Zehn Männer aus Kanaan

1. Mose 42,5–13

Als sich Josefs Brüder vor dem mächtigen Mann verbeugten, der das ganze Getreide in Ägypten verwaltete, erkannten sie in ihm nicht ihren lang vermissten Bruder. Doch Josef wusste, wer sie waren! Er erkannte, dass die Träume, die er vor so vielen Jahren geträumt hatte, jetzt wahr geworden waren. Josef tat so, als ob er ihre Sprache nicht verstehen würde. Er beschloss, sie auf die Probe zu stellen.

Säcke voller Getreide

1. Mose 42,14–38

Josef war sehr glücklich, seine Brüder zu sehen – doch er wollte herausfinden, ob es ihnen leidtat, was sie ihm angetan hatten. „Beweist, dass ihr keine Spione seid!“, sagte Josef zu ihnen. „Bringt euren Bruder Benjamin her – und bis dahin muss einer von euch als Geisel bei mir bleiben.“ Mit Säcken voller Getreide schickte Josef sie zurück nach Kanaan.

Josefs silberner Becher

1. Mose 43,1–44,11

Als das Getreide aufgebraucht war, mussten die Brüder wieder nach Ägypten, mit Benjamin. Schweren Herzens ließ Jakob ihn mitziehen. Josef behandelte seine Brüder sehr freundlich, doch als er sie mit weiteren Säcken voller Getreide nach Hause schickte, versteckte er heimlich seinen silbernen Becher in Benjamins Getreidesack. Auf dem Rückweg wurden sie von Josefs Soldaten angehalten: „Stopp! Einer von euch hat den silbernen Becher unseres Herrn gestohlen!“

Josef weint vor Freude

1. Mose 44,12–45,15

Die Brüder konnten es nicht fassen, als der Becher in Benjamins Sack gefunden wurde. „Bestrafe uns, aber nicht Benjamin!“, baten sie. Jetzt wusste Josef, dass sich seine Brüder verändert hatten. Er umarmte sie und erklärte ihnen, wer er war. „Gott hat alles gut gemacht“, sagte er. „Ich hätte euch während der Hungersnot nicht helfen können, wenn ich nicht hier in Ägypten gewesen wäre.“

Jakobs Segen

1. Mose 45,25–28; 47,5–12; 48,1–22

Als Jakob erfuhr, dass Josef nach all den Jahren am Leben war, konnte er es nicht erwarten, ihn wiederzusehen. Der König erlaubte Josef, dass er seine ganze Familie nach Ägypten einlud, damit sie dort wohnen sollten. Endlich waren sie alle wieder zusammen. Jakob lebte bis ins hohe Alter in Ägypten. Kurz vor seinem Tod bat er Gott, Josefs Söhne zu segnen: „Eines Tages wird Gott euch nach Kanaan zurückführen", sagte er.

Josef stirbt in Ägypten

1. Mose 50,22–26

Josef lebte sehr lange in Ägypten. Seine Söhne wurden erwachsen und bekamen selber Kinder und Enkelkinder. Gott hatte sie alle gesegnet und beschützt. Doch im Laufe der Zeit lebten immer mehr Nachkommen von Josef und seiner Familie in Ägypten. Es sollte nicht mehr lange dauern, bis sie in diesem Land nicht mehr willkommen waren.

Sklaven in Ägypten

2. Mose 1,1–14

Ein neuer König herrschte über Ägypten. Er interessierte sich nicht für das, was Josef vor vielen Jahren für sein Volk getan hatte. Er sah nur, dass sein Land von vielen Israeliten bewohnt wurde – und das gefiel ihm gar nicht. Also machte der neue König alle Israeliten zu seinen Sklaven. Sie mussten in der heißen Sonne hart arbeiten und er ließ sie schlagen, damit sie noch mehr arbeiteten. Doch immer noch wurde das Volk der Israeliten größer.

Das Baby im Korb

2. Mose 1,22–2,4

Der König befahl seinen Soldaten, dass sie jeden kleinen Jungen, der bei den Israeliten geboren wurde, in den Nil werfen sollten! Doch Miriams Mutter versteckte ihr Baby so lange wie möglich vor den Soldaten. Als es nicht mehr ging, legte sie ihren Sohn in einen wasserdichten Korb und setzte ihn auf dem Nil aus. Gott sollte auf ihr Kind aufpassen. Miriam sollte das Körbchen heimlich beobachten.

Mose und die Prinzessin

2. Mose 2,5–10

Bald kam die Königstochter mit ihren Dienerinnen an den Fluss. „Hol mir diesen Korb herbei“, sagte sie. Dann sah sie das kleine Baby, das darin lag. „Armer kleiner Junge“, sagte sie. „Ich werde ihn als mein Kind behalten. Er soll Mose heißen.“ Miriam wagte sich aus ihrem Versteck hervor. „Soll ich jemand finden, der ihn stillen kann?“, bot sie an. So kam es, dass Moses Mutter sich um ihren Sohn kümmern durfte, bis er alt genug war, um bei der Prinzessin zu leben.

Mose muss fliehen

2. Mose 2,11–15

Mose wuchs im Palast wie ein ägyptischer Prinz auf. Doch er wusste, dass er eigentlich ein Israelit war. Als er beobachtete, wie ein Aufseher einen israelitischen Sklaven schlug, wurde Mose so wütend, dass er den Ägypter tötete und die Leiche versteckte. Jetzt hatte Mose große Angst, dass der König das herausfinden würde. Deswegen floh er in die Wüste und versteckte sich dort.

Vom Prinzen zum Schafhirten

2. Mose 2,16–25

In der Wüste, die im Land Midian lag, begegnete Mose sieben Schwestern, die Wasser aus einem Brunnen schöpften. Bereitwillig half er ihnen dabei und sie nahmen ihn mit nach Hause, damit er ihren Vater kennenlernen konnte. Mose heiratete eine der Schwestern und fand in Midian ein neues Zuhause. Nun arbeitete er als Schafhirte für seinen Schwiegervater.

Der brennende Busch

2. Mose 3,1–10

Jahr um Jahr hütete Mose die Schafe in der Wüste. In seinem Leben veränderte sich nicht viel. Doch eines Tages bemerkte Mose einen Busch, der zwar in Flammen stand, aber nicht verbrannte. „Mose!“ Es war Gottes Stimme, die aus dem Busch zu ihm sprach. „Die Menschen meines Volkes sind Sklaven in Ägypten. Sie beten jeden Tag zu mir, dass ich ihnen helfe. Ich möchte, dass du zum König gehst und ihm sagst, dass er mein Volk gehen lassen soll.“

„Lass mein Volk gehen!“

2. Mose 4,10–20; 7,1–13

Mose hatte Angst. „Nimm deinen Bruder Aaron mit“, sagte Gott. „Ich werde euch beiden helfen.“ So gingen Mose und Aaron mit ihrer Botschaft zum König. „Der Gott der Israeliten, der Gott der ganzen Welt, befiehlt dir: ‚Lass mein Volk gehen!‘“ Doch der König widersprach: „Nein! Ich kenne euren Gott nicht. Warum sollte ich ihm dann gehorchen?“

Die erste Plage

2. Mose 7,14–24

„Dann wird Gott viele Plagen über das Land der Ägypter hereinbrechen lassen“, antwortete Mose. Aaron berührte das klare Wasser des Nils mit seinem Stab. Plötzlich wurde das Wasser blutrot. Niemand konnte mehr von dem Wasser trinken. Doch der König weigerte sich, die Israeliten gehen zu lassen.

Die Froschplage

2. Mose 8,1–11

Also schickte Gott eine zweite Plage. Aaron streckte seine Hand über den Nil aus und auf einmal waren überall Frösche. Die Frösche waren in allen Häusern und im Palast. Sie saßen im Ofen und in den Betten – einfach überall. „Lass mein Volk gehen!“, sagte Mose. Der König stimmte zu, doch sobald die Frösche alle weg waren, änderte er wieder seine Meinung.

Die Mücken- und Fliegenplage

2. Mose 8,12–28

Gott ließ weitere Plagen über Ägypten kommen. Wie eine dicke Staubwolke kamen winzige Stechmücken, die jeden Menschen von Kopf bis Fuß stachen. Dann schickte Gott einen Schwarm Fliegen, die sich auf die Ägypter setzten, aber Gottes Volk nicht berührten. „Lass mein Volk gehen!“, sagte Mose. Wie zuvor stimmte der König zu, doch als die Mücken und die Fliegen weg waren, änderte der König wieder seine Meinung.

Eine furchtbare Zeit in Ägypten

2. Mose 9,1–12

Wieder schickte Gott weitere Plagen. Jetzt wurden alle Tiere der Ägypter krank und starben, während den Tieren der Israeliten nichts geschah. Weil der König das Volk immer noch nicht gehen lassen wollte, ließ Gott einen roten, juckenden Ausschlag über die Ägypter kommen. „Lass mein Volk gehen!“, sagte Mose wieder. Und wieder stimmte der König zu und änderte dann doch seine Meinung.

Der Hagelsturm

2. Mose 9,13–35

Gott ließ die siebte Plage kommen. Ein Hagelsturm ging über dem Land der Ägypter nieder. Scharfe Eisstückchen zerschmetterten die Pflanzen, sodass die Ernte auf den Feldern vernichtet wurde. Gott ließ Donner, Hagel und Feuer kommen. „Lass mein Volk gehen!“, sagte Mose. Der König stimmte zu, doch dann änderte er erneut seine Meinung.

Die achte und neunte Plage

2. Mose 10,1–29

Weitere Plagen kamen. Ein Ostwind blies Heuschrecken über das ganze Land. Alles, was der Hagel noch nicht zerstört hatte, fraßen sie ab. „Hör doch auf Gott!“, baten die Diener den König, doch er weigerte sich nachzugeben. Dann streckte Mose seine Hand aus. Gott ließ für drei Tage totale Finsternis über das Land fallen. „Lass mein Volk gehen!“, sagte Mose. Der König stimmte zu, doch dann änderte er seine Meinung.

Die letzte Plage

2. Mose 10,28–11,10

Der König befahl Mose: „Komm niemals wieder her zu mir, sonst töte ich dich.“ Und Mose hielt sich daran: Nun schickte Gott die letzte Plage. In dieser Nacht, um Mitternacht, sollte in jedem Haus der Ägypter der älteste Sohn sterben. Es war genau wie damals, als Mose geboren worden war und der König befohlen hatte, alle kleinen Jungen zu ertränken. Mose wies Gottes Volk an, die Ägypter um Gold und Silber zu bitten und sich auf eine lange Reise vorzubereiten.

Das Passamahl

2. Mose 12,1–13

Gott sagte zu Mose: „Sag meinem Volk, dass sie ihre letzte Mahlzeit in Ägypten so essen sollen, als wollten sie gleich auf eine Reise aufbrechen. Sie sollen ein Lamm mit bitteren Kräutern zubereiten und es zusammen mit Brot essen, das ohne Sauerteig gemacht wurde. Sie sollen die Türpfosten ihrer Häuser mit dem Blut des Lammes anstreichen, damit der Engel des Todes daran vorbeigeht." In dieser Nacht hörten die Israeliten das Klagen und Weinen aus jedem Haus der Ägypter.

Der König sagt: „Geht!“

2. Mose 12,29–41

Auch der König von Ägypten hielt seinen toten Sohn in den Armen. Er ließ Mose und Aaron rufen. „Nehmt euer Volk und geht!“, befahl er ihnen. Mose rief alle Israeliten zusammen. Tausende Männer, Frauen und Kinder brachen in dieser Nacht aus Ägypten auf. Sie nahmen alles mit, was sie besaßen, auch das Silber und Gold, das die Ägypter ihnen gegeben hatten.

Gott führt sein Volk

2. Mose 13,17–22

Mose erklärte den Israeliten, dass Gott sie aus Ägypten und aus der Sklaverei herausführen wollte. Tagsüber folgten die Israeliten einer Wolkensäule und nachts führte Gott sie mit einer Feuersäule, die in der Dunkelheit leuchtete. Jeder konnte die Wolke und das Feuer sehen – sogar diejenigen, die ganz hinten liefen. Die Nacht, in der sie aufbrachen, würden sie niemals mehr vergessen.

Durch das Rote Meer

2. Mose 14,1–31

Doch der König änderte schon wieder seine Meinung. Er schickte seine Soldaten hinter den Israeliten her, sodass sie in der Falle saßen – hinter ihnen die Armee des Königs und vor ihnen das Rote Meer. Aber da hielt Mose seinen Stab über das Wasser und das Wasser teilte sich, sodass die Israeliten sicher auf die andere Seite gehen konnten. Dann hob Mose wieder seinen Stab. Das Wasser schlug über den Soldaten und Wagen der Ägypter zusammen, die ihnen gefolgt waren. Aber das Volk war gerettet.

Die Israeliten lernen, Gott zu vertrauen

2. Mose 15,22–27

Die Israeliten waren nun nicht mehr länger Sklaven. Sie dankten Gott, dass er sie gerettet hatte, und jubelten über ihre Flucht in die Freiheit. Doch jetzt waren sie auf einer langen Reise bis ins Land Kanaan. Es dauerte nicht lange, bis sie erschöpft und durstig waren. „Vertraut Gott! Er wird uns alles geben, was wir brauchen", sagte Mose. Gott führte sie zu einer Oase, wo sie frisches klares Wasser trinken konnten.

Essen in der Wüste

2. Mose 16,1–21

Die Israeliten waren zufrieden, doch es dauerte nicht lange, bis sie sich schon wieder bei Mose beschwerten. „Wenigstens hatten wir etwas zu essen, als wir noch Sklaven in Ägypten waren“, klagten sie. Gott segnete sie und schickte ihnen Wachteln, die sie abends essen konnten, und morgens Manna, das vom Himmel fiel und wie Honigbrot schmeckte.

Begegnung auf dem Berg

2. Mose 19,1–25

Die Israeliten wanderten durch die Wüste, bis sie den Berg Sinai erreichten. Dort ging Mose hinauf auf den Berg, um Gott zu begegnen. Die Israeliten sahen Blitze leuchten und hörten Donnergrollen und lauten Trompetenklang. Und während das Volk wartete, sprach Gott mit Mose. Er gab Mose Regeln, die dem Volk dabei helfen sollten, friedlich miteinander zu leben.

Die Zehn Gebote

2. Mose 20,2–17

Auf zwei steinernen Tafeln gab Gott Mose die Zehn Gebote: „Gott ist der einzige Gott. Betet keine anderen Götter an. Respektiert Gottes heiligen Namen. Achtet darauf, den Sabbat als besonderen Ruhetag einzuhalten. Liebt und respektiert eure Eltern. Tötet nicht. Nehmt einander nicht die Ehefrau oder den Ehemann weg. Nehmt euch auch nichts anderes weg. Erzählt keine Unwahrheiten über andere Menschen und seid nicht neidisch auf das, was die anderen haben."

Unten am Berg

2. Mose 31,18

Gott gab Mose diese besonderen Regeln auf zwei großen Steintafeln. Später nannte man sie „Die Zehn Gebote“. Mose blieb lange auf dem Berg, um mit Gott zu reden. Als er immer noch nicht zurückkehrte, wurden die Menschen unruhig. Sie fragten sich, was geschehen war. Als Mose endlich vom Berg herunterkam, sah er etwas, das ihn sehr traurig machte.

Das goldene Kalb

2. Mose 32,1–20

Die Israeliten wünschten sich einen Gott, den sie sehen konnten. Deshalb hatten sie Aaron gebeten, ihnen ein Götzenbild zu machen, wie es die anderen Völker um sie herum auch hatten. Aaron hatte aus den goldenen Ringen und dem Schmuck, den die Menschen gesammelt hatten, ein goldenes Kalb gegossen. Als Mose vom Berg herunterkam, sah er, wie die Menschen dieses Kalb anbeteten.

Mose betet für Gottes Volk

2. Mose 32,21–35

Mose wusste, dass Gott der einzig wahre und lebendige Gott ist. Mose hatte ihn gesehen und gehört! Doch die Menschen waren schwach. „Vergib ihnen!“, flehte Mose Gott an. „Sie müssen es erst lernen, dir zu vertrauen. Herr, du hast Abraham, Isaak und Jakob geliebt und beschützt. Werde jetzt nicht zornig auf dein Volk.“ Dann fragte Mose die Menschen, ob sie ihm folgen und Gott lieben wollten.

Priester und Helfer

4. Mose 18,1–32

Einige der Menschen folgten Mose nach. Aus den Nachfahren von Jakobs Sohn Levi wählte Gott Priester aus. Die Priester sollten den Menschen die Zehn Gebote erklären und ihnen helfen, wenn sie Fehler oder schlimme Dinge getan hatten. Die Priester sollten Gottes Volk dabei anleiten, ihn anzubeten und zu loben.

Eine besondere Vereinbarung

2. Mose 25,10–22

Die Zehn Gebote waren Regeln. Sie sollten die Menschen anleiten, so zu leben, wie Gott es wollte. Die Israeliten versprachen, nach den Regeln zu leben. Und Gott versprach ihnen, sie zu beschützen. Die Steintafeln wurden in einer Kiste aufbewahrt, die „Bundeslade" genannt wurde. Sie war mit Gold überzogen und hatte an jeder Seite goldene Ringe, sodass man sie auf Stangen überall dorthin mitnehmen konnte, wohin die Israeliten gingen.

Zwölf Spione

4. Mose 13,1–24

Gottes Volk verbrachte viele Jahre in der Wüste. Als sie endlich das Land Kanaan erreichten, das Gott ihnen versprochen hatte, schickte Mose zwölf Spione ins Land, die herausfinden sollten, wie das Land war und welche Menschen dort lebten. Aus jedem Stamm wählte Mose einen Spion aus. War die Erde fruchtbar? Konnte man dort Getreide anbauen? Waren die Menschen freundlich?

Der Bericht der Spione

4. Mose 13,25–14,8

Zehn der Spione kehrten zurück und erzählten furchterregende Dinge über die grimmigen und unfreundlichen Menschen von Kanaan! Josua und Kaleb dagegen erzählten allen, dass Gott ihnen ein wunderschönes Land versprochen hatte, in dem sie leben sollten, mit frischem Wasser und vielen Früchten und Gemüsesorten zum Essen. Doch die Israeliten hatten Angst. Sie entschieden sich, nicht in Kanaan leben zu wollen. Sie vertrauten nicht darauf, dass Gott für sie sorgen würde. Daraufhin musste das ganze Volk wieder zurück in die Wüste.

Josua, der neue Anführer

5. Mose 34,1–9; Josua 1,1–9

Als das Volk Israel 40 Jahre lang durch die Wüste gewandert war, erreichte es schließlich wieder die Grenze zu Kanaan. Mose war inzwischen gestorben und Gott hatte Josua zum neuen Anführer bestimmt. „Mach dir keine Sorgen“, sagte Gott zu Josua. „Ich werde dir helfen, so wie ich Mose geholfen habe. Sei mutig. Ich werde mit dir gehen, egal, wo du auch hingehst.“ Josua wusste, dass er Gott vertrauen konnte.

Spione in Jericho!

Josua 2,1–13

Die Stadt Jericho, die von großen Mauern umgeben war, stand zwischen Gottes Volk und dem Land Kanaan. Josua schickte zwei Männer los, die etwas über die Menschen in Jericho herausfinden sollten. Eine Frau namens Rahab wohnte in einem Haus, das auf der Stadtmauer gebaut war. „Alle wissen, dass euer Gott euch aus Ägypten befreit hat", erzählte sie ihnen. „Wir wissen auch, dass Gott euch das Land Kanaan geben wird. Bitte – seid freundlich zu meiner Familie, wenn ihr die Stadt einnehmt."

Ein Fluchtweg

Josua 2,14–21

Rahab wusste, dass der König nach den Spionen suchte. Sie versteckte die Männer in ihrem Haus und deckte sie mit Flachs zu, bis sie durch ihr Fenster fliehen konnten, ohne gefasst zu werden. Dafür versprachen die Spione, dass ihrer Familie nichts geschehen würde, wenn sie ihr Fenster mit einem roten Seil kennzeichnen würde.

Der tiefe Fluss

Josua 3,1–13

Die Israeliten hatten am Ufer des Flusses Jordan ihr Lager aufgeschlagen. Der Jordan war breit und reißend. Josua bereitete die Menschen auf den Kampf vor, der vor ihnen lag, und auf das Wunder, das Gott ihm versprochen hatte. Doch zuerst mussten sie alle den Fluss überqueren – und sie waren Tausende Menschen.

Ein sicherer Weg durch den Jordan

Josua 3,14–4,24

Zuerst traten die Priester in den Fluss, die die Bundeslade mit den Zehn Geboten trugen. Sobald ihre Füße die Wasseroberfläche berührten, hörte das Wasser auf zu fließen. Alle Menschen konnten den Fluss trockenen Fußes durchqueren. Aus jedem der zwölf Stämme wählte Josua einen Mann aus, der einen Stein aus dem Flussbett holen sollte, damit sie die Stelle markieren konnten, an der Gott sie ins Land Kanaan geführt hatte.

Die Stadt Jericho

Josua 6,1–14

Nun lag die Festung Jericho mit ihren starken, hohen Mauern direkt vor ihnen. „Habt keine Angst“, sagte Gott. „Ich bin hier, um euch zu helfen.“ Dann gab er Josua ziemlich seltsame Anweisungen. Die Israeliten sollten an sechs Tagen hintereinander einmal um die Stadt marschieren. Sieben Priester sollten dabei auf ihren Trompeten spielen.

Die Mauern stürzen ein

Josua 6,15–25

Am siebten Tag sollten die Israeliten siebenmal um die Stadt gehen. Und bei der letzten Runde wies Josua alle an, so laut wie möglich zu schreien! Als sie das taten, stürzten plötzlich die Mauern von Jericho in sich zusammen und sie konnten die Stadt einnehmen. Nur der Teil der Mauer blieb stehen, wo Rahabs Haus stand. Sie und ihre Familie schlossen sich den Israeliten an und waren glücklich, dass auch sie zu Gottes Volk gehören durften.

Das Land Kanaan

Richter 2,10

Als Josua starb, siedelten sich die Israeliten in Kanaan an. Es war ein guter Ort zum Wohnen und sie waren dort glücklich. Das Volk der Israeliten wurde immer größer, sodass das Versprechen, das Gott Abraham gegeben hatte, wahr wurde – er hatte inzwischen so viele Nachfahren, wie es Sterne am Himmel gab. Gott segnete sie. Sie mussten sich nur an Gottes Regeln halten.

Ein gebrochenes Versprechen

Richter 2,11–3,8

Nach einer gewissen Zeit erinnerten sich die Israeliten nicht mehr an das Versprechen, das sie Gott gegeben hatten. Sie beteten zu falschen Göttern. Sie waren gemein zueinander. Sie hatten ihr Versprechen gebrochen. Und Gott beschützte sie nicht länger vor ihren Feinden. Wieder wurden sie Sklaven, so wie ihre Vorfahren Sklaven in Ägypten gewesen waren.

Die Prophetin Debora

Richter 4,4–8

Die Menschen in Gottes Volk merkten, dass sie seine Hilfe brauchten. Deshalb gingen sie zu Debora, einer Frau, die auf Gottes Stimme hörte. Gott machte Debora klar, welchen Rat sie den Menschen geben sollte: „Gott will, dass das Heer Israels gegen Sisera kämpft.“ Sisera war ein gefürchteter General der Kanaaniter. „Was? Aber das können wir nicht“, jammerte der Heerführer Barak. Er hatte furchtbare Angst.

Der Sieg einer tapferen Frau

Richter 4,9–24

„Gott wird dir helfen“, sagte Debora zu Barak, „doch weil du ihm nicht vertraust, wird er einer Frau den Sieg schenken, nicht dir.“ Es war ein schrecklicher Kampf. Doch Gott half den Israeliten, ihre Feinde zu besiegen. Sisera rannte davon und versteckte sich in dem Zelt einer Frau, die Jaël hieß. Während er schlief, benutzte Jaël einen Zeltpfosten, um ihn zu töten. So wurde wahr, was Debora vorhergesagt hatte.

Gott wählt Gideon aus

Richter 6,11–17

„Gott hat dich auserwählt, Gideon!“, sagte eines Tages ein Engel zu ihm. „Er möchte, dass du sein Volk vor den Midianitern rettest.“ Gottes Volk brauchte dringend Hilfe. Die Midianiter hatten ihre Ernte zerstört – sodass die Menschen große Angst hatten und hungern mussten. Doch auch Gideon hatte Angst. „Bitte, gib mir ein Zeichen“, bat er.

Ein Zeichen für Gideon

Richter 6,36–40

Gideon bat Gott darum, dass er etwas Wolle mit Tau durchnässen sollte. Aber der Boden um die Wolle herum sollte trocken bleiben. Und das tat Gott. Doch Gideon bat um ein weiteres Zeichen. Diesmal sollte die Wolle trocken bleiben, während der Boden vom Tau nass war. Und wieder tat Gott das, worum Gideon ihn bat. Gideon war zwar kein Soldat – doch jetzt glaubte er fest daran, dass Gott ihm helfen würde.

Eine sehr kleine Armee

Richter 7,1–8

Gideon rief 32000 Männer zusammen, die seine Armee bilden sollten. Doch Gott wies Gideon an, alle wegzuschicken, die Angst hatten. Da gingen eine Menge Männer nach Hause! Gideon befahl den übrigen Männern, dass sie zum Fluss gehen und dort etwas trinken sollten. Gott sagte Gideon, dass er nur die Männer mitnehmen sollte, die das Wasser direkt aus dem Fluss getrunken hatten. Alle, die sich ans Wasser gekniet und ausgiebig getrunken hatten, sollte er wieder nach Hause schicken. Da hatte Gideon am Ende nur noch 300 Männer übrig.

Gottes Sieg

Richter 7,15–24

Gideon gab jedem Mann eine Trompete und eine Fackel in einem Tonkrug. Nachts schlichen sich die Israeliten zum Lager der feindlichen Midianiter und umringten sie. Dann bliesen sie in ihre Trompeten, zerschmetterten die Tonkrüge, sodass man die Fackeln sehen konnte, und schrien laut! Die Midianiter wachten auf und rannten zu Tode erschrocken um ihr Leben. Weil das Durcheinander so groß war, brachten sie sich gegenseitig um. Es war ein großartiger Sieg! Die Israeliten waren wieder frei.

Noomis trauriges Leben

Rut 1,1–18

Noomi und ihre Familie flüchteten vor einer Hungersnot ins Nachbarland Moab. Dort starben ihr Mann und ihre beiden erwachsenen Söhne. Noomi war sehr traurig. Sie wollte wieder in ihre Heimatstadt Bethlehem zurückkehren. „Ich habe nichts, was ich euch noch geben könnte“, sagte sie zu den Frauen ihrer Söhne. „Geht zurück zu euren Müttern.“ Die eine ging nach Hause. Doch Rut wollte nicht gehen. „Ich bin jetzt auch deine Tochter. Ich will mit dir gehen und mich um dich kümmern. Und ich werde deinen Gott anbeten“, sagte sie.

Ruts Fürsorge

Rut 2,1–3

In Bethlehem wurde Noomi freundlich wieder aufgenommen. Die Menschen hatten großes Mitleid mit ihr, weil ihre Familie gestorben war. Und sie hießen auch Rut willkommen. Sie bemerkten, dass sie gut und freundlich war. Eines Tages sammelte Rut Ähren auf einem Feld, das einem Mann namens Boas gehörte, damit sie und Noomi genug zu essen hatten.

Rut begegnet Boas

Rut 2,4–23

„Sammle so viel, wie du brauchst“, sagte Boas zu Rut. Armen Menschen war es erlaubt, die Reste der Ähren aufzusammeln, die nach der Ernte liegen geblieben waren. Doch als Noomi sah, wie viel Getreide Rut mit nach Hause brachte, wusste sie, dass Boas seine Arbeiter angewiesen hatte, Rut zu helfen. Boas war ein sehr freundlicher Mann.

Noomis kleiner Enkel

Rut 4,9–17

Boas sah, dass Rut wie eine liebevolle Tochter für Noomi sorgte. Er bemerkte, dass sie freundlich und zuverlässig war. Schon bald wurden sie Freunde und Boas heiratete Rut. Noomi war so traurig gewesen – doch jetzt hatte sie eine Tochter und einen Schwiegersohn, die sich um sie kümmerten – und bald wurde sie auch Großmutter. Rut bekam einen kleinen Sohn. Sie nannten ihn Obed.

Hannas Gebet

1. Samuel 1,1–28

Hanna liebte ihren Mann sehr, doch sie war traurig. Alle Frauen, die sie kannte, bekamen Kinder, nur Hanna nicht. Sie bat Gott, dass er sie mit einem kleinen Sohn segnete. Sie versprach Gott, dass sie ihren Sohn dann in den Tempel geben würde, damit er dort Gott dienen sollte. Hanna war sehr glücklich, als Gott ihre Gebete erhörte! Sie nannte ihren Sohn Samuel.

Gott ruft Samuel

1. Samuel 3,1–9

Als er etwas älter geworden war, lebte Samuel im Tempel, wo der Priester Eli ihn lehrte, Gott zu lieben. Eines Nachts hörte Samuel, dass jemand nach ihm rief. „Ich bin hier!“, sagte er zu Eli. Doch Eli schickte ihn zurück ins Bett. „Ich habe dich nicht gerufen“, sagte er. Es passierte ein zweites und drittes Mal. Dann sagte Eli: „Das ist Gottes Stimme, die du hörst, Samuel. Hör ihm zu und tu das, was er dir sagt.“

Der Prophet und Richter Samuel

1. Samuel 7,2–17

Eli wusste, dass Gott Samuel auserwählt hatte, damit dieser der nächste Prophet werden sollte. Samuel sollte seinem Volk dabei helfen, die Feinde zu bekämpfen. „Hört auf, die falschen Götter anzubeten“, ermahnte Samuel die Menschen. „Liebt Gott – dann wird er euch vor den Philistern retten.“ Samuel betete für die Israeliten. Als die Philister sie angriffen, schickte Gott einen Sturm, der die Feinde durcheinanderbrachte. Jetzt herrschte für einige Zeit Frieden im Land.

Israel möchte einen König

1. Samuel 8,4–22

Samuel war ein guter Prophet und ein kluger Richter. Doch als er alt wurde, machten sich die Menschen Gedanken darüber, was nach seinem Tod geschehen würde. „Gib uns einen König, damit wir so sind wie die anderen Völker", sagten sie. „Gott kümmert sich doch um euch", antwortete Samuel ihnen. „Er ist unser König." Doch die Menschen wünschten sich einen König, den sie sehen konnten.

Die verirrten Esel

1. Samuel 9,1–16

Gott sagte Samuel, dass die Menschen den König bekommen sollten, den sie sich wünschten. Gott würde den Mann, den Samuel zum König salben sollte, zu ihm schicken. Und tatsächlich: Eines Tages kam ein junger Mann – sein Name war Saul – zu Samuel, weil er gerade die entlaufenen Eselinnen seines Vaters suchte. Er und sein Diener waren schon sehr weit gelaufen, als ihnen eingefallen war, dass sie den Propheten Samuel fragen könnten, ob er wüsste, wo die Tiere waren.

Der erste König von Israel

1. Samuel 9,17–10,1

Samuel sah den großen, gut aussehenden Mann, der auf ihn zukam. „Das ist er“, sagte Gott. „Das ist der Mann, den du zum König salben sollst.“ Samuel begrüßte Saul und seinen Diener – und sagte ihnen, dass die verirrten Esel gefunden worden waren. „Ich habe wichtige Neuigkeiten für dich“, sagte Samuel zu Saul. „Gott will, dass ich dich zum König von Israel salbe.“

Der König des Volkes

1. Samuel 10,17–24

Saul war sehr aufgeregt, als er Samuels Neuigkeiten hörte. Er wusste, dass er nicht besonders schlau oder wichtig war! Warum hatte Gott ihn erwählt? Als Samuel den zwölf Stämmen Israels verkündete, dass sie endlich einen König bekamen, den sie auch sehen konnten, versteckte sich Saul vor lauter Angst im Vorratslager! Aber Samuel holte ihn und die Menschen jubelten ihm zu: „Lang lebe der König!“

Die Sache geht schief

1. Samuel 15,1–35

Gott half Saul dabei, ein guter König zu sein. Alle Israeliten waren glücklich, dass er sein Volk anführte und ihre Feinde besiegte. Doch König Saul wollte die Dinge lieber so machen, wie er es für richtig hielt. Bald schon hörte er nicht mehr auf das, was Gott ihm sagte. Er dachte, dass er es besser wüsste. Samuel weinte. Gott hatte Saul als König verstoßen.

Sieben gut aussehende Brüder

1. Samuel 16,1–10

„Geh zu Isai“, sagte Gott zu Samuel. „Es ist Zeit, einen neuen König auszuwählen.“ Isai stellte Samuel sieben seiner Söhne vor. Sie alle waren groß und stark. „Es geht nicht um das Äußere“, sagte Gott. „Ich kann erkennen, wie die Herzen der Menschen aussehen – und wir suchen einen Mann, der gut und freundlich und weise ist.“ Gott wählte keinen von Isais sieben Söhnen.

Isais jüngster Sohn

1. Samuel 16,11–12

„Hast du noch mehr Söhne?“, fragte Samuel. „Ja, mein jüngster Sohn heißt David“, antwortete Isai. „Er hütet meine Schafe – doch ich werde jemanden schicken, dass er ihn nach Hause holt.“ Als David kam, wies Gott Samuel an, ihn zum neuen König zu salben. „Das ist der nächste König von Israel“, sagte Gott.

Musik für König Saul

1. Samuel 16,14–18

Noch war Saul der König. Er war oft schlecht gelaunt und missmutig. Er brüllte seine Diener an. Die ganze Zeit machte er ein finsteres Gesicht. Man konnte ihm nichts mehr recht machen. „Vielleicht finden wir jemanden, der für dich Harfe spielt“, sagte einer der Diener. „Das könnte dir beim Einschlafen helfen.“ Sie fanden einen Hirtenjungen, der Gott liebte und schöne Lieder sang. Sein Name war David.

Das Lied des Hirten

Psalm 23

David kam, um für den König Harfe zu spielen. Saul liebte seine Musik so sehr, dass er befahl, dass David am Hof bleiben sollte, um jederzeit für ihn verfügbar zu sein. „Gott ist mein Hirte“, sang David. „Er schenkt mir alles, was ich brauche. Er führt mich an ruhige Orte. Nichts kann mir Angst machen, denn Gott ist immer da, um mir zu helfen.“

Goliat, der Riese

1. Samuel 17,1–11

Die Israeliten wurden von Feinden bedroht, die an ihrer Grenze lauerten. Die Philister waren groß und stark und forderten Gottes Volk ständig zum Kampf heraus. Sogar König Saul fürchtete sich vor ihnen, ganz besonders vor Goliat. Dieser Riese machte sich sogar über den Gott der Israeliten lustig. Als David die spöttischen Worte von Goliat hörte, wurde er zornig. Er wusste, dass Gott stärker war als ein Philister!

Bären und Löwen

1. Samuel 17,32–39

„Ich werde gegen Goliat kämpfen“, sagte David entschlossen. König Saul machte sich Sorgen. Er ließ David seine eigene Rüstung anziehen. Doch der Helm rutschte ihm über die Augen. Alles war viel zu groß und zu schwer. David zog die Rüstung wieder aus. „Als ich auf meine Schafe aufgepasst habe, hat Gott mich vor Löwen und Bären beschützt“, sagte David. „Er wird mir auch jetzt helfen.“

David kämpft gegen den Riesen

1. Samuel 17,45–50

„Du bist viel größer und stärker als ich“, sagte David. „Du hast auch sicher bessere Waffen als ich. Doch der Gott des ganzen Universums ist hier, um mir zu helfen.“ Dann legte David einen glatten Stein in seine Schleuder, zielte – und traf Goliat an der Stirn. Der Riese fiel um und war besiegt.

David und Jonatan

1. Samuel 18,1–16; 19,1–2

David wurde berühmt. Zuerst war Saul stolz darauf, dass dieser tapfere junge Mann für ihn kämpfte. David und Jonatan, der Sohn von Saul, wurden die besten Freunde. Doch als Saul sah, dass alle Menschen David liebten, wurde er so eifersüchtig, dass er ihn am liebsten getötet hätte. Jonatan warnte David aber rechtzeitig. Als König Saul starb, freuten sich die Menschen, dass David ihr neuer König wurde.

König David

2. Samuel 6,12–19

Als David König wurde, herrschte Friede in Israel. Das Land hatte jetzt einen König, der Gott liebte, und die Menschen waren glücklich. David war in Bethlehem geboren, doch er machte Jerusalem zu seiner Hauptstadt. Er feierte ein großes Fest, als er die Bundeslade nach Jerusalem bringen ließ.

Davids große Versuchung

2. Samuel 11,2–3

David war verheiratet. Doch eines Tages, als seine Armee gerade in einem Krieg kämpfte, sah er eine wunderschöne Frau. David konnte nicht aufhören, an sie zu denken. Er beschloss, dass auch sie seine Frau werden sollte. David erfuhr, dass der Name der Frau Batseba lautete. Sie hatte schon einen Ehemann, Uria. Er war Soldat in Davids Armee.

David tut ein großes Unrecht

2. Samuel 11,14–26

Dann tat David etwas Schreckliches. Er befahl, Uria dorthin zu schicken, wo der Kampf am gefährlichsten war. Und Davids gemeiner Plan ging auf. Uria wurde im Kampf getötet. Als David diese Nachricht erhielt, war er zufrieden. Jetzt war Batseba frei und konnte seine Frau werden.

Nathan, der Prophet

2. Samuel 11,27–12,6

David und Batseba bekamen einen kleinen Sohn. Alles schien wunderbar zu sein. Doch Gott hatte das Unrecht nicht vergessen. Er schickte den Propheten Nathan, um David eine Geschichte zu erzählen: Ein reicher Mann hatte viele Schafe. Ein armer hatte nur eins, das er sehr liebte. Als der Reiche Besuch bekam, schlachtete er ein Lamm, das Lamm des Armen. „Er hat den Tod verdient!“, rief David empört.

Davids Reue

2. Samuel 12,7–13

„Du hast recht", sagte Nathan. „Er hat etwas Schreckliches getan – so wie das, was du getan hast. Du als König hast viele Frauen. Trotzdem hast du Urias einzige Frau gestohlen und ihn dann umgebracht! Hat Gott dir nicht schon so viel Gutes getan?" David vergrub seinen Kopf in den Händen. „Ich habe gesündigt", weinte er. „Es tut mir so leid."

Gott segnet David

2. Samuel 12,14–25

Gott vergab David seine große Sünde. Doch als Batsebas kleiner Sohn krank wurde und starb, war David sich sicher, dass er daran schuld war. Er war sehr traurig. Nach einer Weile segnete Gott David und Batseba mit einem weiteren Sohn. Sie nannten ihn Salomo. David hoffte, dass Salomo nach seinem Tod König werden würde.

Davids Sohn Absalom

2. Samuel 13,1–19,5

David liebte auch seinen Sohn Absalom. Doch Absalom wollte selbst König werden. Seine Freunde zogen gegen König Davids Soldaten in den Krieg. Eines Tages gab es einen schrecklichen Kampf. Absalom ritt durch den Wald, wo sich seine langen Haare in einem Baum verfingen. Während er dort hing, fanden ihn Davids Soldaten und töteten ihn. David war sehr traurig. Er hatte einen weiteren Sohn verloren.

Salomos Traum

1. Könige 3,5–15

Bevor er starb, ermahnte David seinen Sohn Salomo, dass er sich an Gottes Regeln halten sollte – dann würde er ein besserer König werden, als sein Vater es gewesen war. Nachdem er zum König gesalbt worden war, hatte Salomo einen Traum. Er träumte, dass Gott ihn fragte, welches Geschenk er ihm machen sollte. „Ich bin noch sehr jung“, antwortete Salomo. „Bitte schenke mir Weisheit, damit ich ein guter König sein kann.“ Gott schenkte Salomo Weisheit, Reichtum und großen Ruhm!

Der kluge König Salomo

1. Könige 3,16–28

Eines Tages kamen zwei Frauen zu König Salomo. „Sie hat mir mein Baby gestohlen!“, sagte die eine. „Nein, ihr Baby ist gestorben. Sie will mir meines wegnehmen“, widersprach die andere. „Teilt das Baby in zwei Hälften“, entschied König Salomo. Die eine Frau war einverstanden, doch die andere rief: „Nein!“ Jetzt wusste Salomo, dass die wirkliche Mutter das Baby beschützen wollte. Er gab der zweiten Frau das Baby. Alle konnten sehen, dass Gott Salomo große Weisheit geschenkt hatte.

Salomo baut den Tempel

1. Könige 5,15–6,38

Salomo wurde von Gott beauftragt, einen Tempel zu bauen, damit die Menschen einen Ort in Jerusalem hatten, an dem sie Gott anbeten konnten. Der Tempel hatte dicke Steinmauern, die mit Holz verkleidet und mit Gold überzogen waren. Er war geschmückt mit geschnitzten Blumen und goldenen Engeln. Es dauerte sieben Jahre, bis der Tempel fertig war, obwohl Tausende Männer hart arbeiteten, damit er schön und großartig wurde.

Gottes Haus

1. Könige 8,1–66

Die Priester trugen die Bundeslade in den Tempel. „Ich weiß, dass du ein großer Gott bist und dass du nicht in Häusern wohnst, die Menschen gebaut haben“, betete Salomo. „Doch lass es zu, dass dein Volk dich hier anbetet. Erhöre die Gebete, die hier gesprochen werden. Erhöre uns Menschen, wenn wir um Vergebung bitten für die Dinge, die wir falsch gemacht haben.“

Die Königin von Saba

1. Könige 10,1–13

Weit entfernt in Saba hatte die Königin von Salomo gehört. Sie reiste nach Israel, um herauszufinden, ob er wirklich so weise und gut war. „Gott hat dich gesegnet“, sagte sie zu ihm, als sie seinen Palast bewundert und sich mit ihm unterhalten hatte. Sie schenkte ihm Gold, kostbare Edelsteine und Gewürze.

Ein schlechter König und eine hinterhältige Königin

1. Könige 16,29–33

König Ahab liebte Gott nicht so, wie es David und Salomo getan hatten. Ahab hielt sich nicht an Gottes Regeln. Er heiratete eine Fremde namens Isebel und baute einen Altar für Baal, den falschen Gott, den sie anbetete. Ahab dankte diesem falschen Gott dafür, dass er Regen schickte und dass die Ernte reichlich ausfiel. Und weil der König von Israel das tat, machten es ihm die Menschen aus seinem Volk nach.

Kein Regen mehr

1. Könige 17,1

Elia war einer von Gottes Propheten. „Unser Gott ist der einzig wahrhaftige und lebendige Gott“, sagte er zu König Ahab. „Nur er schenkt Regen und gute Ernten. Du solltest ihn anbeten. Und bevor du das nicht tust – wird Gott keinen Regen mehr schicken. Es wird eine schreckliche Dürrezeit geben.“ Elias Botschaft ließ König Ahab sehr wütend werden.

Gott kümmert sich um Elia

1. Könige 17,2–7

Gott schickte Elia an den Bach Krit. Dort war er vor Ahab und Isebel sicher. Aus dem Bach konnte er trinken. Jeden Tag sandte Gott einige Raben, die ihm morgens etwas zum Frühstück brachten und abends zum Abendessen. Die Sonne brannte heiß. Immer noch fiel kein Regen.

Nach einiger Zeit vertrocknete der Bach. Da erhielt Elia von Gott einen neuen Auftrag.

Der Ölkrug wird nicht leer

1. Könige 17,8–16

„Geh nach Zarpat“, wies Gott Elia an. Dort traf Elia eine Frau, die Äste für ein Feuer sammelte. „Hast du etwas Brot, das du mir geben kannst?“, fragte Elia. „Das hier ist alles, was wir noch übrig haben“, sagte ihm die Frau. „Teile es mit mir“, bat Elia. „Gott hat mir versprochen, dass du und dein Sohn genug Öl und Mehl haben werden, damit du neues Brot backen kannst.“ Die Frau teilte ihr Essen mit Elia. Und danach gingen weder ihr Öl noch ihr Mehl zur Neige, bis es wieder regnete.

Zeit der Entscheidung

1. Könige 18,16–20

Drei Jahre ohne Regen waren vergangen. Das Land war trocken und ausgezehrt. Es war an der Zeit, wieder zu König Ahab zu gehen. „Bist du jetzt so weit, um Gott um Verzeihung zu bitten?“, fragte Elia. „Wirst du jetzt aufhören, Baal anzubeten, und stattdessen den lebendigen Gott verehren? Versammle alle Menschen am Berg Karmel. Es ist Zeit, dass du wählst, wer der wahre Gott ist – und ihm dann nachfolgst!“

Die Baal-Propheten

1. Könige 18,21–29

Elia stellte den Propheten des Baal eine Aufgabe: Sie sollten ihren Gott anbeten, damit er Feuer auf den Altar fallen ließ. Danach würde Elia das Gleiche mit seinem Gott tun. Die Menschen sahen zu, wie die Propheten tanzten und schrien und schrien und tanzten. Nichts geschah, überhaupt nichts. „Schläft euer Gott etwa?“, fragte Elia. „Ist er in Urlaub gefahren?“

Elias Gebet

1. Könige 18,30–37

Dann war Elia an der Reihe. Er baute einen Altar aus zwölf Steinen mit einem kleinen Graben darum. Er gab den Befehl, alles mit Wasser zu übergießen, bis sich ein kleiner Bach um den Altar gebildet hatte. Ganz bestimmt konnte darauf nichts brennen, dachten alle, die zuschauten. Dann, während ihn die Menschen beobachteten, betete Elia: „Herr, zeige allen Menschen hier, dass du allein der wahre und lebendige Gott bist.“ Elia hatte großes Vertrauen zu Gott.

Feuer und Regen

1. Könige 18,38–46

Gott erhörte Elias Gebet. Es fiel Feuer vom Himmel! Das Feuer setzte Elias Altar in Flammen. Es ließ sogar alles Wasser in dem Graben verdampfen. Die Menschen sahen nun, dass Gott wirklich lebendig war. Sie wussten jetzt, dass er allein es wert ist, angebetet zu werden – und sie verbeugten sich vor ihm. Dann schickte der Gott des ganzen Universums einen großen Regenguss. Die Dürre war vorüber.

Isebels Drohungen

1. Könige 19,1–12

Isebel war sehr böse auf Elia. Deshalb rannte Elia um sein Leben! Schon bald fühlte er sich einsam und hatte Angst. Aber Gott sorgte für ihn und sandte einen Engel, der ihm Essen und Wasser brachte. Doch immer noch war Elia traurig. Da sagte Gott ihm, dass er ihm auf einem Berg begegnen wollte. Elia wartete. Zuerst blies ein kräftiger Wind. Dann gab es ein Erdbeben und ein großes Feuer. Doch als Gott erschien, war er in einem leisen Flüstern.

Der Feuerwagen

2. Könige 2,1–11

Es war Zeit für Elia, seine Arbeit auf der Erde zu beenden. Gott sagte ihm, dass Elisa der Prophet war, der sein Nachfolger werden sollte. Elisa ging mit Elia zum Fluss Jordan. Das Wasser teilte sich, sodass sie trockenen Fußes den Fluss durchqueren konnten. Dann sah Elisa zu, wie ein Feuerwagen, der von Feuerpferden gezogen wurde, Elia mit in den Himmel nahm, wo er bei Gott sein würde.

Das kleine Dienstmädchen

2. Könige 5,1–7

Naaman hatte Lepra, eine sehr schlimme Krankheit. Ein kleines israelitisches Dienstmädchen, das für ihn arbeitete, riet ihm, nach Israel zu gehen und Elisa um Hilfe zu bitten. Doch Naaman war der stolze Anführer der aramäischen Armee. Zuerst wollte er zum König von Israel gehen. „Wie soll ich ihn denn heilen?“, rief der König besorgt. Er fürchtete, dass Naaman Streit mit ihm suchte und ihm den Krieg erklären wollte.

Gott heilt Naaman

2. Könige 5,8–14

Elisa erklärte dem König, dass Gott allein Naaman heilen konnte. Er schickte Naaman eine Nachricht: „Tauch siebenmal im Jordan unter, dann wirst du gesund.“ Naaman war gekränkt. In seinem eigenen Land gab es Flüsse, die viel sauberer waren! Doch seine Diener überredeten ihn, in den Jordan zu steigen. Als er siebenmal untergetaucht war, war die Krankheit verschwunden. Gott hatte ihn geheilt – mit der Hilfe eines kleinen Dienstmädchens.

Jona soll nach Ninive gehen

Jona 1,1–2

Seit langer Zeit schon waren die Assyrer die Feinde von Gottes Volk. Sie waren grausam und gierig. Als Gott Jona den Auftrag gab, nach Ninive zu gehen und die Menschen dort zu warnen, dass sie ihr Leben ändern sollten, wollte er nicht gehen! Er wusste, wie Gott war. Gott war gut und freundlich, liebevoll und voller Güte. Vielleicht würde er den Menschen von Ninive vergeben – und sie verdienten es doch, bestraft zu werden!

Jona versteckt sich vor Gott

Jona 1,3–6

Jona rannte weg. Er stieg in ein Boot, das in die entgegengesetzte Richtung segelte, und fand ein Versteck, wo er sich verbergen konnte. Dort schlief er ein. Jona hatte vergessen, dass man sich vor Gott nicht verstecken kann. Plötzlich rüttelte ein heftiger Sturm am Boot. Die Matrosen warfen das Gepäck über Bord. Dann weckten sie Jona. „Bete zu deinem Gott!“, schrien sie. „Wir ertrinken sonst.“

Vom Fisch verschluckt

Jona 1,7–2,2

Jona wusste, dass der Sturm seinetwegen ausgebrochen war. „Werft mich ins Wasser! Dann wird Gott euch retten“, erklärte Jona den Matrosen. „Das alles ist nur wegen mir geschehen.“ Also warfen die Matrosen Jona über Bord. Doch Jona ertrank nicht, sondern Gott schickte einen großen Fisch, der ihn verschluckte. Drei Tage und drei Nächte war Jona im Bauch des Fisches und betete zu Gott.

Gott vergibt

Jona 2,11–3,10

„Es tut mir leid", sagte Jona zu Gott. „Ich werde nach Ninive gehen." Der Fisch spuckte Jona ans Ufer – und er machte sich auf den Weg zu der großen Stadt. Er sagte den Menschen, dass Gott wegen ihrer Grausamkeit böse auf sie war. Er warnte sie, dass sie ihr Verhalten ändern sollten, sonst würde ihre Stadt vernichtet werden. Und tatsächlich: Die Menschen hörten ihm zu. Sie bereuten, was sie getan hatten. Sie änderten ihr Leben. Und Jona hatte recht behalten: Gott war freundlich und liebevoll und vergab den Menschen von Ninive ihre Sünde.

Gottes Plan für Jeremia

Jeremia 1,1–10

Jeremia war ein junger Mann, als Gott ihn auswählte, sein Prophet zu sein. „Ich habe dich schon geliebt, bevor du geboren warst“, sagte Gott. „Ich habe Pläne für deine Zukunft und werde dir bei allem helfen, was du tun wirst.“ Schon wieder hatte Gottes Volk vergessen, nach seinen guten Regeln zu leben. Sie brauchten seine Hilfe. Und Jeremia sollte die Stimme Gottes sein.

Der Töpfer und der Ton

Jeremia 18,1–6

Eines Tages schaute Jeremia einem Töpfer bei der Arbeit zu. Als sich die Töpferscheibe drehte, war der Ton ein schwabbeliger Klumpen. Es sah sehr lustig aus. Doch der Töpfer formte den Ton geduldig, bis ein wunderschöner Krug entstanden war. „Gott ist wie ein Töpfer“, überlegte Jeremia. „Die Menschen sind wie der Ton. Gott allein kann die Menschen in etwas Schönes verwandeln, sogar wenn sie eine Menge Dinge falsch gemacht haben.“

Eine Warnung für den König

Jeremia 36,1–25

„Du hast einen Gott, der dich liebt!“, sagte Jeremia zum König. „Gott möchte dir helfen. Doch du willst ihm nicht gehorchen. Du überhörst seine Warnungen. Höre jetzt zu, bevor der König von Babylon dich angreifen wird.“ Jeremia schrieb seine Warnung auf, doch der König verbrannte die Botschaft am offenen Feuer.

Babylon – der mächtige Feind

Jeremia 37,1–38,3

Der König von Babylon nahm alle tüchtigen Männer aus Jerusalem mit in sein Land, damit sie dort für ihn arbeiten sollten. Auch der König von Israel wurde gefangen genommen und Zedekia wurde zum neuen König gemacht. Alle Schätze des Tempels wurden gestohlen. Jeremia warnte König Zedekia. Er sollte sich bald ergeben oder die Menschen würden verhungern und die Stadt Jerusalem würde zerstört werden.

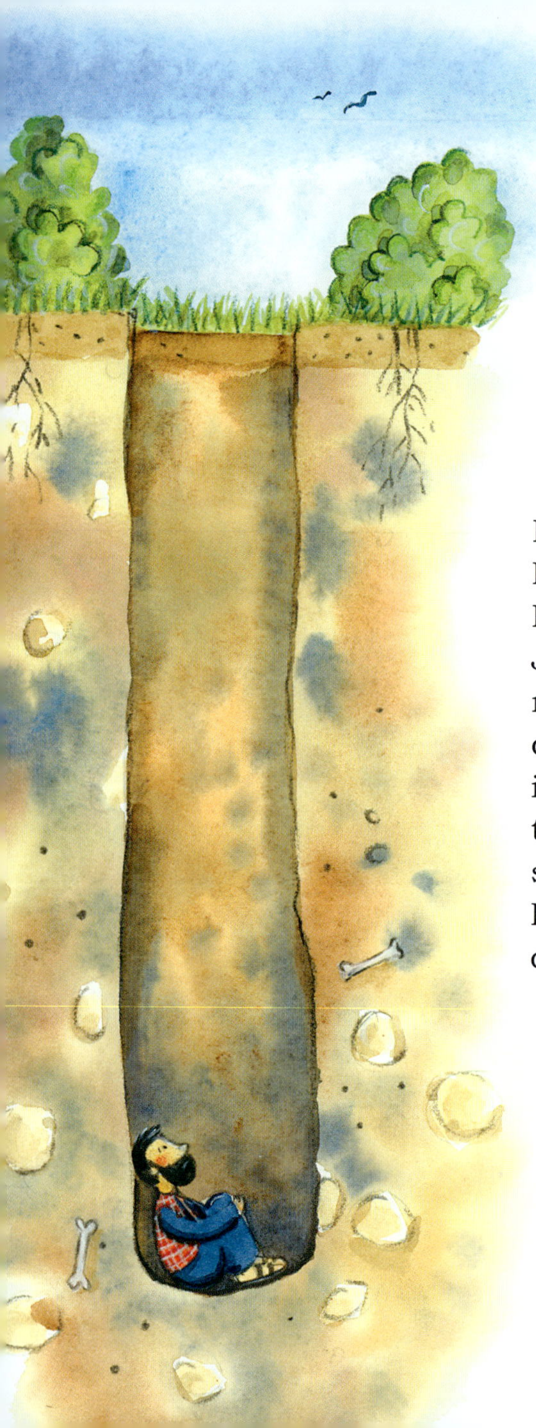

Allein im dunklen Loch

Jeremia 38,4–6

Dem König gefiel Jeremias Botschaft nicht. Auch seinen Beratern gefiel nicht, was Jeremia sagte – alle wurden nervös und ängstlich, als sie das hörten. Doch sie fragten immer noch nicht nach Gottes Hilfe. Stattdessen warfen sie Jeremia in einen leeren Brunnen und wollten ihn dort sterben lassen.

Jeremias Freund

Jeremia 38,7–28

Ebed-Melech war mutig. Er ging zum König und bat ihn, gnädig zu Jeremia zu sein. „Lass Jeremia nicht sterben“, sagte er. „Ich möchte ihm helfen.“ Also erlaubte der König ihm, Jeremia zu befreien. Doch Jeremia konnte die Botschaft, die Gott ihm aufgetragen hatte, nicht widerrufen. Und immer noch weigerte sich der König, auf ihn zu hören.

Jerusalem ist zerstört

Jeremia 39,1–9

Die Warnung, die Gott durch Jeremia ausgesprochen hatte, wurde Wirklichkeit: Die Babylonier durchbrachen die Stadttore und brannten den Palast und die Häuser nieder. Sie zerstörten die Stadtmauern. Als sie König Zedekia fanden, töteten sie seine Söhne, zerstörten sein Augenlicht, sodass er blind wurde, und nahmen ihn gefangen.

Jeremia bleibt in Jerusalem

Jeremia 39,11–14; 40,1–6

Zuerst war Jeremia mit den anderen Gefangenen in Ketten gefesselt weggeführt worden. Doch der König der Babylonier, Nebukadnezar, wusste, wer Jeremia war. Er wies seine Wachen an, freundlich zu ihm zu sein und ihn nach Jerusalem zurückkehren zu lassen, wenn er das wollte. Jeremia entschied sich, zurückzugehen und sich um die armen Menschen zu kümmern, die in der zerstörten Stadt zurückgelassen worden waren.

Die seltsamen Bräuche der Babylonier

Daniel 1,1–13

Daniel war einer von den Gefangenen, die nach Babylon gebracht wurden. Sie wurden gut behandelt, solange sie für König Nebukadnezar arbeiten wollten. „Wir werden hart arbeiten“, versprach Daniel. „Doch gebt uns bitte nur Wasser zu trinken und Gemüse zu essen.“ Daniel wollte nichts von dem anderen Essen haben, das den babylonischen Göttern geweiht worden war. Er wollte auch im fremden Land die Regeln Gottes befolgen.

Eine große Herausforderung

Daniel 2,1–12

Eines Tages rief König Nebukadnezar seine klugen Ratgeber zusammen. „Meine Träume lassen mir nachts keine Ruhe mehr!“, beklagte er sich. „Sag uns, was du geträumt hast, damit wir dir helfen können“, antworteten sie. „Nein! Ihr müsst mir sagen, was ich geträumt habe, oder ich werde euch alle töten lassen!“ Da hatten alle Männer große Angst. Wie sollten sie das nur wissen?

Gott hilft Daniel

Daniel 2,17–30

Daniel und seine Freunde beteten zu Gott und baten ihn um seine Hilfe. „Kein Mensch kann deine Träume wissen“, sagte Daniel zu König Nebukadnezar, „allein Gott im Himmel kann das. Ich habe ihn um Hilfe gebeten und er hat mir geantwortet. Ich werde dir jetzt deinen Traum sagen und auch, was er bedeutet. Dann wirst du wissen, wie groß unser Gott ist.“

Der seltsame Traum des Königs

Daniel 2,31–45

„Du hast eine große Statue gesehen, die von einem Stein getroffen wurde und in viele Stücke zerbrochen ist. Dann wurde der Stein zu einem großen Berg“, sagte Daniel. „Die Statue steht für dich und dein Königreich, groß und mächtig. Gott will dich warnen, dass dein Reich eines Tages zerstört wirst und Gottes Königreich kommt. Es wird einmal alle anderen Königreiche ersetzen.“ König Nebukadnezar war überrascht über die Deutung seines Traums.

Daniels drei Freunde

Daniel 3,1–23

Doch der König vergaß bald die Warnung Gottes. Er ließ eine große goldene Statue von sich anfertigen und befahl allen Menschen, sich davor zu verbeugen und ihn anzubeten. Schadrach, Meschach und Abed-Nego weigerten sich jedoch. „Wir beten nur Gott an“, sagten sie. Zur Strafe wurden sie in einen großen, brennenden Feuerofen geworfen.

Der Feuerofen

Daniel 3,24–29

Schadrach, Meschach und Abed-Nego starben aber in dem Feuerofen nicht. Gott schickte einen Engel, der sie beschützte, sodass sie von den Flammen nicht verletzt wurden. Als sie aus dem Feuer herauskamen, rochen sie noch nicht einmal nach Rauch! Jetzt betete auch König Nebukadnezar ihren Gott an, der sie vor dem Feuer gerettet hatte.

König Belsazar von Babylonien

Daniel 5,1–2

Als der König starb, wurde sein Sohn Belsazar sein Nachfolger. Inzwischen war Daniel schon ein alter Mann geworden und Belsazar wusste nichts über ihn. Eines Tages feierte Belsazar ein großes Fest. Er benutzte dafür die kostbaren silbernen und goldenen Gefäße, die sein Vater aus dem Tempel in Jerusalem mitgenommen hatte. Das war ein großer Fehler.

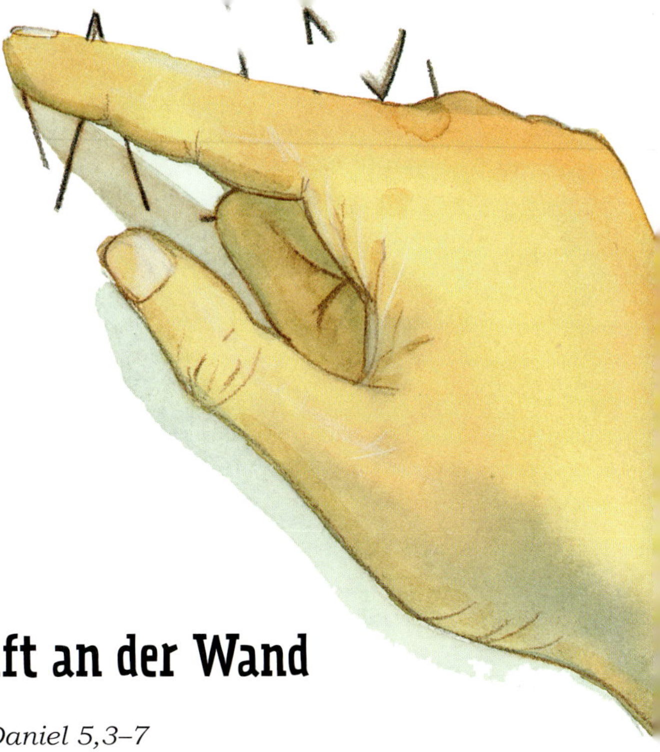

Die Schrift an der Wand

Daniel 5,3–7

Als König Belsazar und seine Gäste Wein aus den schönen goldenen Bechern tranken, beteten sie ihre eigenen Götter an, die aus Gold und Silber, Holz und Stein gemacht waren. Plötzlich wurde das Gesicht von König Belsazar kreidebleich. Er sah, wie die Hand eines Mannes etwas an die Wand schrieb!

Gott testet König Belsazar

Daniel 5,8–29

Keiner konnte sagen, was die seltsame Botschaft an der Wand bedeuten sollte. Doch einer der Gäste erinnerte sich an Daniel. Man holte ihn, um dem König die Schrift zu erklären: „Gott hat deine Tage als König gezählt“, sagte Daniel zum König. „Gott hat dich getestet und du hast den Test nicht bestanden. Dein Königreich wird an die Meder und Perser fallen. Deine Tage als König sind vorüber.“

Daniel, der Verwalter

Daniel 5,30–6,5

In der gleichen Nacht wurde Belsazar getötet. Als Darius aus dem Volk der Meder König wurde, bat er Daniel, ihm bei der Verwaltung seines neuen Königreiches zu helfen. Darius war mit Daniels Arbeit sehr zufrieden, doch als Daniel so viel Macht erhielt, bekam er auch einige Feinde – Männer, die neidisch auf ihn waren. Diese Männer suchten nach einer Möglichkeit, um Daniel für immer aus dem Weg zu räumen.

Die Verschwörung gegen Daniel

Daniel 6,6–15

Die Feinde von Daniel wollten sich beim König einschmeicheln. Sie sagten: „Großer König, du bist so klug und mächtig, dass die Menschen nur dich allein anbeten sollten! Jeder, der das nicht tut, soll zur Strafe in die Löwengrube geworfen werden.“ Daniel liebte Gott. Er wollte nur ihn anbeten. Er betete weiterhin jeden Tag zu Gott. Als die Männer nun dem König sagten, dass Daniel sein Gesetz gebrochen hatte, wusste Darius, dass er überlistet worden war. Doch das Gesetz durfte nicht geändert werden; Daniel musste in die Löwengrube geworfen werden.

In der Löwengrube

Daniel 6,16–28

Der König ließ Daniel holen und warf ihn in die Löwengrube. Am nächsten Morgen kam Darius, um herauszufinden, was geschehen war. „Gott hat seinen Engel geschickt, um das Maul der Löwen zu verschließen!“, sagte Daniel. „Mir geht es gut!“ Sofort erließ Darius ein neues Gesetz. „Alle sollen dem Gott Daniels die Ehre erweisen, denn er allein hat die Macht, Menschen zu retten.“

Nehemia möchte nach Hause zurück

Nehemia 2,1–5

Nehemia lebte in Babylon und arbeitete als Mundschenk für den König. Er wusste, dass Jerusalem noch immer eine Ruinenstadt war. Es war schon viele Jahre her, dass die Israeliten gemeinsam in Jerusalem gelebt hatten. Doch Nehemia betete dafür, dass der König ihn eines Tages zurückkehren lassen würde, damit er die Mauern und Tore wieder aufbauen konnte.

Die Antwort auf das Gebet

Nehemia 2,6–20

Gott erhörte Nehemias Gebet. Der König erlaubte nicht nur, dass Nehemia nach Hause gehen durfte, sondern er gab ihm auch Material mit, damit er mit dem Wiederaufbau beginnen konnte. Als Nehemia nach Jerusalem kam, ermutigte er die Menschen, die dort noch lebten. Er erzählte ihnen, dass Gott ihnen helfen würde, wieder neu anzufangen.

Endlich zu Hause

Nehemia 3,1–6.19; 8,1–12

Nehemia half den Menschen, die Stadtmauern von Jerusalem zu reparieren und neue Stadttore zu bauen – und das in nur zweiundfünfzig Tagen! Der Priester Esra erinnerte die Menschen an Gottes Versprechen und an die besonderen Regeln, die er Mose damals gegeben hatte. Alle waren sehr traurig, weil sie merkten, dass sie Gott sehr enttäuscht hatten, doch sie dankten Gott, dass er für sie gesorgt hatte und dass sie nun wieder sicher in der Stadt leben konnten.

Gott verspricht, einen Erlöser zu schicken

Jesaja 9,1–6

Doch die Geschichte von Gottes Volk hörte nicht bei der Rückkehr der Menschen nach Jerusalem auf. Gott sagte ihnen durch viele Propheten wie Jesaja, dass er schon bald jemanden senden würde, der ihnen zeigte, wie sehr Gott die Menschen liebt. Gottes Volk hatte in der Vergangenheit sehr viel falsch gemacht. Doch jetzt versprach Gott, einen Erlöser zu senden, der sie retten sollte.

Das Neue Testament

Ein Engel im Tempel

Lukas 1,8–17

Heute war Zacharias an der Reihe, das Räucherwerk im Tempel anzuzünden. Alles war still, als plötzlich der Engel Gabriel zu ihm sprach. „Gott hat deine Gebete gehört, Zacharias. Deine Frau wird ein Baby bekommen – und du sollst es Johannes nennen. Als erwachsener Mann wird er Gottes besonderer Bote sein und die Menschen auf die Zeit vorbereiten, wenn Gott kommt, um bei seinem Volk zu wohnen."

Gute Nachrichten für Elisabeth

Lukas 1,18–25

Zacharias war von dieser Nachricht völlig überrascht. Seine Frau Elisabeth und er waren doch schon viel zu alt, um noch ein Kind zu bekommen, oder? Er konnte das nicht glauben. Als er den Tempel verließ, war er stumm. Es würde noch viele Monate dauern, bis er wieder reden könnte. Doch Elisabeth hatte bald sehr viel, worüber sie reden konnte. Sie wusste, dass sie schwanger war …

Marias besonderes Geheimnis

Lukas 1,26–38

Einige Monate später besuchte der Engel Gabriel Elisabeths Verwandte Maria. Auch sie war sehr überrascht von dem, was er ihr sagte. „Hab keine Angst, Maria, denn Gott hat dich auserwählt, dass etwas ganz Besonderes mit dir passiert. Du sollst die Mutter von Gottes Sohn werden. Er soll Jesus heißen.“ Maria war noch nicht mit Josef verheiratet – doch sie vertraute Gott.

Maria und Elisabeth

Lukas 1,39–45

Gabriel hatte Maria erzählt, dass auch ihre Verwandte Elisabeth ein Baby erwartete. Maria machte sich auf den Weg, um sie zu besuchen. Als Maria ankam, hüpfte das Baby in Elisabeths Bauch vor Freude! „Gott hat dich gesegnet, Maria – und ich bin so glücklich, dass die Mutter des versprochenen Erlösers gekommen ist, um mich zu besuchen!“ – „Gott ist groß und heilig!“, antwortete Maria. „Er tut wunderbare Dinge.“

Die Volkszählung der Römer

Lukas 2,1–5

Gott sagte Josef, dass er Maria heiraten und sich um sie und das Baby kümmern sollte. Als Kaiser Augustus befahl, dass jeder in seine Geburtsstadt reisen sollte, um dort gezählt zu werden, ging Maria mit Josef nach Bethlehem. Viele Menschen waren ebenfalls unterwegs.

Kein Platz im Gasthaus

Lukas 2,6–7

Es war eine sehr anstrengende Reise für Maria, und alle Herbergen in Bethlehem waren überfüllt. In einem Stall fand Josef einen Platz, an dem sie über Nacht bleiben konnten, und in dieser Nacht wurde Marias kleiner Sohn geboren. Sie nannte ihn Jesus, so wie der Engel es ihr gesagt hatte. Maria wickelte ihn vorsichtig in saubere Tücher und machte für ihn ein Bett in einer Futterkrippe.

Die Hirten auf den Feldern

Lukas 2,8–12

Etwas außerhalb von Bethlehem auf den Feldern hüteten einige Hirten ihre Schafe. Plötzlich strahlte der Himmel in hellem Licht und sie hörten die Stimme eines Engels, der ihnen eine unglaubliche Nachricht überbrachte. „Habt keine Angst“, sagte der Engel. „Heute ist euer Erlöser in Bethlehem geboren. Ihr werdet ihn in einer Futterkrippe finden.“

Der Himmel ist voller Engel

Lukas 2,13–14

Dann sahen die Hirten auf einmal Hunderte Engel, die Loblieder sangen. Es war ein wunderschöner Klang! „Ehre sei Gott, der im Himmel ist, und Friede für alle, die auf der Erde wohnen“, sangen sie. Das Lied schallte durch die Nacht. Die Hirten wussten, dass sie sofort loslaufen mussten, um das neugeborene Baby zu finden.

Das Baby in der Futterkrippe

Lukas 2,15–20

Die Hirten rannten nach Bethlehem. Sie wussten, dass sie das richtige Baby gefunden hatten, als sie Maria und Josef sahen – und das Kind, das in einer Futterkrippe lag. Sie lobten Gott für das Wunder dieser Geburt und konnten es kaum erwarten, allen Menschen, denen sie begegneten, von dem zu erzählen, was in dieser Nacht geschehen war!

Die klugen Männer aus dem Osten

Matthäus 2,1

Als Jesus geboren wurde, erschien ein neuer Stern am Himmel. In einem fernen Land im Osten sahen einige kluge Männer diesen Stern und waren überzeugt, dass dies ein Zeichen dafür war, dass den Juden ein neuer König geboren worden war. Sie bereiteten Geschenke vor – und nahmen Schatztruhen mit, als sie sich auf die Reise machten, um den neuen kleinen König zu finden.

Immer dem Stern nach

Matthäus 2,2

Die klugen Männer reisten viele Monate lang, bis sie endlich Jerusalem erreichten. Sie gingen zum Palast von König Herodes und baten darum, ihn sprechen zu dürfen. „Wir sind gekommen, um den neuen König zu begrüßen, der bei den Juden geboren worden ist“, sagten sie. „Wir wollen ihm die Ehre erweisen.“

Der einzige König in Jerusalem

Matthäus 2,3–8

König Herodes war nicht glücklich über diese Neuigkeit. In Jerusalem gab es nur Platz für einen König! Er fragte seine Priester, was die Propheten über den Ort sagten, an dem ein König geboren werden sollte. Dann schickte er die klugen Männer nach Bethlehem. „Bitte sagt mir Bescheid, wenn ihr ihn gefunden habt. Ich möchte ihm auch die Ehre erweisen."

Am Ziel der Reise

Matthäus 2,9–10

Die klugen Männer ritten auf ihren Kamelen weiter nach Bethlehem und ließen König Herodes in Jerusalem zurück. Der Stern, dem sie gefolgt waren, führte sie zu einem Haus im Ort. Als sie das Haus betraten, sahen sie Maria mit ihrem kleinen Sohn. Endlich hatten sie den neuen König gefunden, den sie gesucht hatten.

Geschenke für den neuen König

Matthäus 2,11

Die klugen Männer fielen auf die Knie, um Marias kleinen Sohn anzubeten. Dann öffneten sie ihre Schatzkisten und überreichten die Geschenke, die sie mitgebracht hatten. Marias Augen wurden riesengroß, als sie Gold, Weihrauch und Myrrhe sah. Maria dachte oft an die seltsamen und unerwarteten Besucher und was ihre Geschenke wohl zu bedeuten hatten.

Der Traum der klugen Männer

Matthäus 2,12

Die Männer überlegten, erst am nächsten Tag die Heimreise anzutreten. Während der Nacht sprach Gott in einem Traum zu ihnen. Er warnte sie, sie sollten nicht den gleichen Weg zurück nehmen, den sie gekommen waren. Wenn sie wieder nach Jerusalem gingen, würden sie König Herodes von Jesus erzählen müssen. Und König Herodes hatte schreckliche Pläne. Also nahmen die klugen Männer einen anderen Weg nach Hause.

Eine neue Heimat in Ägypten

Matthäus 2,13–23

Auch Josef hatte einen seltsamen Traum. Er weckte Maria und erklärte ihr, dass sie Bethlehem sofort verlassen mussten. König Herodes würde Soldaten schicken, um sie zu finden und ihr Kind zu töten. Maria und Josef flohen nach Ägypten und blieben so lange dort, bis Herodes gestorben war. Dann zogen sie nach Nazareth in Galiläa, um dort zu leben.

Ein Fest in Jerusalem

Lukas 2,41–42

Als Jesus zwölf Jahre alt war, nahmen Maria und Josef ihn mit nach Jerusalem, um dort das Passafest zu feiern, so wie sie es jedes Jahr taten. Viele Menschen reisten zusammen dorthin, wo der Tempel stand. Alle sangen und lobten Gott und erinnerten sich an die Zeit, als Mose die Israeliten aus Ägypten aus der Sklaverei in die Freiheit geführt hatte.

Verloren und gefunden

Lukas 2,43–52

Auf der Heimreise waren sie schon fast einen Tag lang unterwegs, als Maria und Josef erschrocken feststellten, dass niemand Jesus gesehen hatte. Voller Angst kehrten sie nach Jerusalem zurück und suchten ihn dort. Sie fanden ihn bei den Priestern im Tempel, die sehr überrascht über das waren, was Jesus alles über Gott wusste.

Johannes der Täufer

Matthäus 3,1–12

Johannes, der Sohn von Elisabeth und Zacharias, war inzwischen erwachsen. Er trug Kleidung, die aus Kamelhaaren gemacht war, und aß Heuschrecken und wilden Honig und lebte in der Wüste. Johannes war ein Prophet. Er rief die Menschen dazu auf, alles Böse in ihrem Leben zu bekennen, umzukehren und nach Gottes Regeln zu leben. Johannes half den Menschen, sich auf Jesus vorzubereiten. Sehr viele Menschen kamen zu ihm an den Jordan, um sich taufen zu lassen.

Johannes tauft Jesus

Matthäus 3,13–17

Jesus war ungefähr im gleichen Alter wie Johannes. Eines Tages kam er zum Jordan und bat Johannes, ihn zu taufen. Johannes wusste, dass Jesus Gottes Sohn war. Er wusste, dass Jesus nichts Falsches getan hatte, sodass er Gottes Vergebung nicht brauchte. Doch als Jesus darauf bestand, taufte Johannes ihn trotzdem. In diesem Augenblick hörten alle, die dabei waren, Gottes Stimme: „Das ist mein Sohn. Ich liebe ihn.“

Eine schwere Prüfung für Jesus

Matthäus 4,1–7

Nach seiner Taufe ging Jesus in die Wüste, um zu beten. Während dieser Zeit hatte Jesus nichts zu essen und war deshalb sehr hungrig. Da kam der Teufel, um ihn zu prüfen. Er solle beweisen, dass er wirklich Gottes Sohn war – indem er Steine in Brot verwandelte. Außerdem sollte er von der Tempelmauer herunterspringen. Es würde ihm ja nichts geschehen, weil die Engel ihn auffangen könnten. Doch Jesus gab nicht nach, als der Teufel ihn herausforderte.

Die letzte Prüfung

Matthäus 4,8–11

Schließlich führte der Teufel Jesus auf einen hohen Berg. „Schau dir das alles an“, sagte der Teufel. „Ich werde dir alles geben, was du dir wünschst, wenn du mich anbetest.“ Jesus war müde und hungrig, doch er gab nicht nach. „Nein! Geh weg von mir“, sagte er. „Ich werde nur Gott anbeten, Gott allein.“

Die ersten Nachfolger

Lukas 5,1–6

Jetzt war die Zeit gekommen, dass Jesus mit seinem Auftrag begann, den Gott ihm gegeben hatte. Er kam zu Petrus und Andreas und bat sie, mit ihrem Boot auf den See hinauszufahren. „Werft eure Netze aus und ihr werdet einen guten Fang machen“, sagte Jesus. Die Männer taten, was Jesus ihnen gesagt hatte – und plötzlich waren die Netze übervoll mit Fischen!

Die Netze voller Fische

Lukas 5,7–11; Matthäus 4,18–22

In den Netzen waren so viele silbrige, zappelnde Fische, dass Petrus und Andreas sie nicht allein aus dem Wasser ziehen konnten! Sie riefen Jakobus und Johannes, die ihnen zu Hilfe kamen. „Folgt mir nach“, sagte Jesus. „Ich will euch zu Menschenfischern machen.“ Die vier Männer verließen alles und folgten Jesus nach. Sie waren die ersten von insgesamt zwölf Männern, die seine besonderen Freunde wurden.

Die Hochzeitsgäste

Johannes 2,1–4

Maria war in dem Dorf Kana zu einer Hochzeit eingeladen. Auch Jesus und seine Freunde waren dort. Es war ein sehr fröhlicher Tag – bis es keinen Wein mehr zu trinken gab. Aber Maria wusste Rat. Sie ging zu Jesus und erzählte ihm von dem Missgeschick. Zu den Dienern sagte sie: „Wenn Jesus kommt und euch etwas sagt, dann tut alles so, wie er es haben will.“

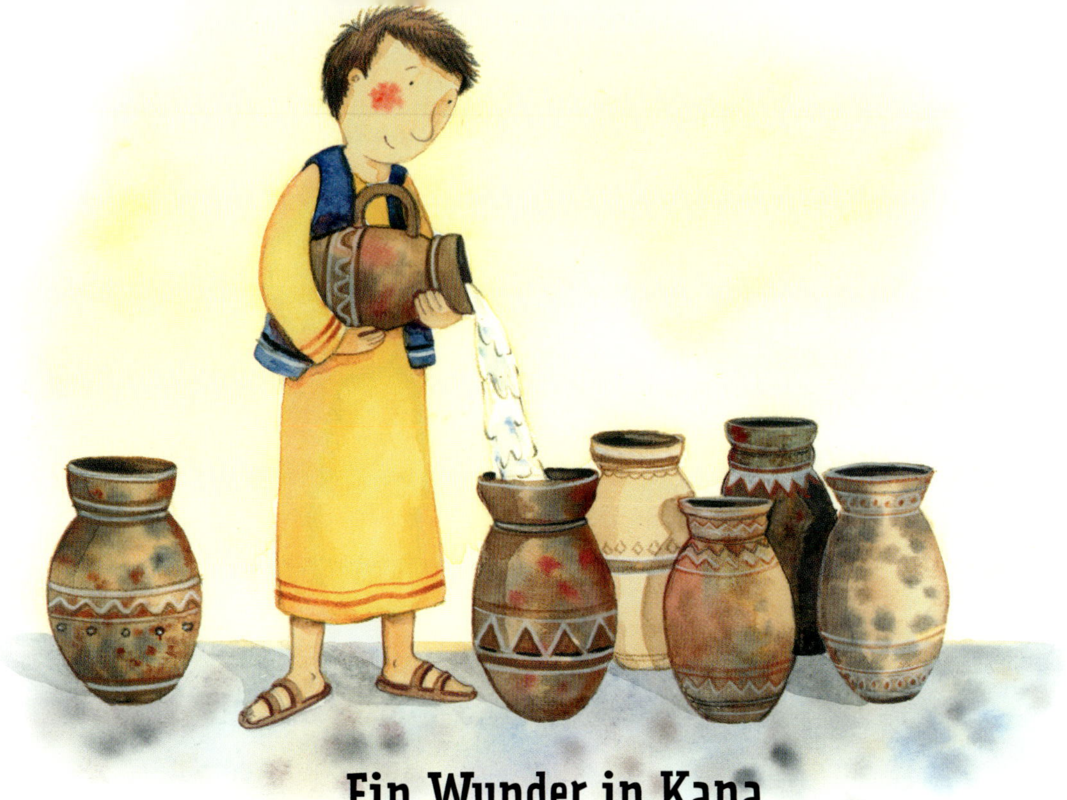

Ein Wunder in Kana

Johannes 2,5–11

„Füllt diese Krüge mit Wasser“, wies Jesus die Diener an. Sie füllten sechs große Krüge, bis sie randvoll mit Wasser waren. „Bringt eine Tasse davon zu dem Mann, der für die Getränke zuständig ist.“ Die Diener staunten, als sie bemerkten, dass sich das Wasser in besonders guten Wein verwandelt hatte. Jesus hatte ein Wunder vollbracht und das Fest konnte weitergehen.

Das Loch im Dach

Markus 2,1–4

Jesus war in Kapernaum. Es waren so viele Menschen gekommen, die ihm zuhören wollten, dass es keinen Platz mehr für weitere Besucher gab. Doch vier Männer brauchten Jesus, damit er ihrem Freund helfen konnte. Der arme Mann konnte nicht laufen. Sie kletterten die Stufen außen am Haus hinauf – und machten ein Loch in das Dach! Dann ließen sie den kranken Mann durch das Loch hinunter in das Haus, genau Jesus vor die Füße.

Ein Wunder in Kapernaum

Markus 2,5–12

Die Menschen im Haus machten Platz für den Kranken. „Dir ist deine Schuld vergeben“, sagte Jesus. „Du kannst jetzt aufstehen und deine Decke mit nach Hause nehmen. Ich habe dich geheilt.“ Als der Kranke das tat, waren alle Menschen sehr überrascht! Jesus konnte Sünden vergeben und Dinge tun, die nur Gott konnte. Doch nicht alle glaubten, dass das etwas Gutes war. Die religiösen Anführer mochten Jesus überhaupt nicht.

Matthäus, der Steuereintreiber

Matthäus 9,9–13

Matthäus war sehr beschäftigt. Er sammelte Steuern für die verhassten Römer ein. „Komm und folge mir nach, Matthäus!“, rief Jesus ihm zu – und Matthäus verließ sein Steuerbüro und folgte ihm nach. Doch die Menschen kamen zu den Freunden von Jesus und fragten sie, was Jesus wohl vorhatte. Mit Sicherheit wollte er doch nicht mit so schlechten Menschen wie Steuereintreibern etwas zu tun haben! „Diese Menschen brauchen mich“, erklärte Jesus. „Deshalb bin ich hier.“

Wer ist glücklich?

Matthäus 5,1–12

Auf einem Hügel, wo Jesus sich niedergelassen hatte, versammelten sich viele Menschen, um ihm zuzuhören. „Gott segnet die Menschen, die nicht zu stolz sind, ihn um Hilfe zu bitten. Gott tröstet diejenigen, die traurig sind. Gott liebt es, wenn wir gut füreinander sorgen. Sorgt euch um die Dinge, die gut für euch und für andere sind – und Gott wird für euch sorgen."

Seid anders!

Matthäus 5,43–44

„Habt keine Angst davor, anders zu sein als die Menschen um euch herum. Gott zu lieben heißt, ein Leben ohne Sünde zu führen, so wie er ohne Fehler ist. Liebt die anderen Menschen und seid nett zu ihnen – sogar wenn sie nicht nett zu euch sind. Vergebt denen, die euch verletzt haben. Behandelt sie so, wie ihr auch von ihnen behandelt werden wollt“, sagte Jesus. „Liebt eure Feinde und betet für sie.“

Nehmt euch Zeit zum Beten

Matthäus 6,5–8

„Sucht euch einen Platz, an dem ihr ungestört seid. Redet mit Gott wie mit einem Vater, der euch liebt“, erklärte Jesus. „Seid ehrlich und sagt Gott, was ihr fühlt. Sagt ihm das, was euch Angst macht. Ihr müsst keine besonderen Worte benutzen, um mit Gott zu reden – und er weiß genau, was ihr braucht. Gott sorgt sich um euch. Er wird euch helfen.“

Gottes Gebet

Matthäus 6,9–13

„Gott möchte, dass wir mit ihm reden wie Kinder, die mit ihrem Vater sprechen, der sie liebt. Ungefähr so: Vater, du bist groß und heilig. Bitte schenke uns hier an dem Ort, an dem wir leben, Frieden und Liebe und Gerechtigkeit, so wie im Himmel. Gib uns das, was wir heute zum Leben brauchen, und vergib uns, wenn wir andere Menschen verletzt haben, so wie wir denjenigen vergeben wollen, die uns verletzt haben."

Gott sorgt für euch

Matthäus 6,25–34

„Macht euch keine Gedanken darüber, was ihr anziehen oder essen sollt. Gott wird für euch sorgen. Wenn er sich schon um die Vögel kümmert, dass sie Futter finden, und um die Blumen, die ein schönes Blütenkleid haben, dann kümmert er sich erst recht um euch. Denn er hat euch sehr lieb. Ihr braucht ihm nur zu vertrauen.“

Der Hauptmann in Kapernaum

Matthäus 8,5–7

In Kapernaum lebte ein römischer Hauptmann, der bei den Menschen dort sehr beliebt war. Er hatte für sie sogar eine Synagoge bauen lassen. Dieser Soldat hatte schon viel von Jesus gehört. Als sein Diener krank wurde, bat er Jesus, ihm zu helfen. Er hatte sehr großes Vertrauen zu ihm.

Jesus heilt den Diener des Hauptmanns

Matthäus 8,8–13

„Du musst nicht in mein Haus kommen“, sagte der Hauptmann zu Jesus. „Ich weiß, dass du meinen Diener gesund machen kannst. Du musst nur sagen, dass er geheilt ist. Dann weiß ich, dass das auch geschehen wird.“ Jesus war erstaunt über das Vertrauen dieses Römers. „Gott freut sich über jeden Menschen, der ihm vertraut, und du vertraust mir vollkommen. Deinem Diener geht es wieder gut.“ Und so war es auch.

Sehr ängstliche Freunde

Lukas 8,22–23

Es war ein ruhiger Abend, als Jesus in ein Boot stieg, um mit seinen Freunden über den See Genezareth zu fahren. Jesus war sehr müde und schlief bald ein. Doch plötzlich kam – wie es manchmal auf diesem See geschah – ein starker Wind auf und das Wetter änderte sich. Das kleine Boot tanzte auf den Wellen auf und ab. „Jesus! Wach auf! Hilf uns!“, schrien seine Freunde. „Wir ertrinken.“ Jesus stand auf und übernahm die Kontrolle.

Jesus beruhigt den Sturm

Lukas 8,24–25

„Sei still!“, befahl Jesus dem heulenden Wind. „Ruhe!“, sagte er zu den hohen Wellen. Innerhalb weniger Sekunden verstummte der Wind und die gefährlichen Wellen wurden zu einem sanften Plätschern. Die verängstigten Männer spürten eine warme Brise auf ihrem Gesicht. „Warum habt ihr solche Angst gehabt?“, fragte Jesus sie. „Habt ihr nicht geglaubt, dass ich euch beschützen werde?“

Der heimliche Besucher Nikodemus

Johannes 3,1–17

Viele religiöse Anführer konnten Jesus nicht leiden. Doch Nikodemus wollte besser verstehen, was Jesus über Gott sagte. Eines Nachts kam er heimlich, um Jesus seine Fragen zu stellen. „Gott hat mich hierher gesandt, um die Menschen zu retten“, erklärte Jesus ihm. „Gott liebt diese Welt so sehr, dass er seinen einzigen Sohn geschickt hat, damit jeder, der an mich glaubt, für immer und ewig bei Gott leben kann.“

Die Frau am Brunnen

Johannes 4,4–26

An einem Brunnen mitten in Samaria schöpfte eine Frau Wasser. „Darf ich etwas Wasser haben?“, bat Jesus sie. „Warum fragst du mich? Ihr Juden sprecht doch sonst nicht mit uns Samaritern“, antwortete sie. „Ich weiß alles über dich“, erwiderte Jesus. „Ich kann dir Wasser geben, das deinen Durst für immer stillen wird. Ich bin derjenige, auf den du gewartet hast, der Retter, den Gott für dich geschickt hat.“ Da lief die Frau voller Freude in die Stadt und erzählte allen, was geschehen war.

Eine Frau wird gesund

Lukas 8,43–48

Jesus war unterwegs zum Haus von Jaïrus, um seiner Tochter zu helfen. Als er sich einen Weg durch die Menschenmenge bahnte, blieb er plötzlich stehen. „Wer hat mich berührt?“, fragte er. Da meldete sich eine schüchterne Frau, die an einer schweren Krankheit litt. „Ich habe nur den Saum von deinem Mantel berührt“, sagte sie. „Ich wusste, dass ich schon dadurch gesund werden kann.“ Da sah Jesus sie freundlich an und sagte: „Dein Glaube hat dir geholfen.“

Ein kleines Mädchen braucht Hilfe

Lukas 8,49–56

Als Jesus sich zu dem Haus von Jaïrus aufmachen wollte, kam ihm ein Bote entgegen: „Es ist zu spät, sie ist gestorben." Jaïrus sah Jesus verzweifelt an. Wie schrecklich – seine Tochter war erst zwölf Jahre alt. „Vertraue mir", sagte Jesus. Er betrat das Haus und kniete sich neben das Bett von Jaïrus. „Steh auf, kleines Mädchen!", befahl er. Und sie setzte sich auf und war wieder lebendig. Jesus hatte ein Wunder getan. Er war sogar mächtiger als der Tod.

Der Proviant eines kleinen Jungen

Johannes 6,2–11

Tausende Menschen waren gekommen, um Jesus zuzuhören; einige wollten auch von ihm geheilt werden. Inzwischen war es spät geworden. „Wo finden wir etwas zu essen für die vielen Menschen?“, fragten ihn seine Freunde. „Gebt ihr ihnen zu essen“, forderte Jesus sie auf. „Aber hier ist nur ein kleiner Junge, der uns seinen Proviant anbietet – doch er hat nur fünf Brote und zwei Fische“, sagte Andreas verzweifelt. Jesus nahm das Wenige entgegen und dankte Gott für das Essen.

Eine Menge Reste

Johannes 6,12–13

Jesus teilte das Brot und den Fisch, und seine Freunde gaben es an die Menschen weiter. Alle freuten sich, dass sie etwas zu essen bekamen; am Ende war es so viel, dass zwölf Körbe voller Reste übrig waren. Es war ein Wunder. Über fünftausend Menschen waren satt geworden, nur weil ein kleiner Junge Jesus seinen Proviant gegeben hatte.

Jesus heilt einen gehörlosen Mann

Markus 7,32–37

Jesus konnte hören, wie die Vögel in den Bäumen zwitscherten und wie der Wind in den Blättern raschelte; doch der Mann, der vor ihm stand, konnte überhaupt nichts hören. Seine Freunde standen ein wenig entfernt und warteten. Konnte Jesus einem gehörlosen Mann helfen, sodass er wieder hören konnte? Jesus berührte die Ohren des Kranken und seine Zunge. Und plötzlich war der Mann gesund. Voller Freude rannte er zu seinen Freunden.

Die Geschichte vom guten Samariter

Lukas 10,30–37

Jesus erzählte eine Geschichte. „Auf der Straße von Jerusalem nach Jericho wurde ein Mann überfallen. Ein Priester und ein Levit, die im Tempel arbeiteten, gingen einfach an ihm vorüber. Doch ein Samariter hielt an und verband die Wunden des Mannes. Er brachte ihn in eine Herberge und bezahlte für seine Pflege. Wenn du wissen willst, was es heißt, andere Menschen zu lieben, dann handle so wie der gute Samariter“, erklärte Jesus seinen Zuhörern.

Die Geschichte vom verlorenen Schaf

Lukas 15,3–7

„Wenn du hundert Schafe hast und eines davon weggelaufen ist – was tust du dann?“, fragte Jesus. „Du suchst so lange, bis du dein verlorenes Schaf gefunden hast. Dann trägst du es auf deinen Schultern nach Hause. Genau so ist Gott. Er sorgt sich um jeden Menschen, besonders um die, die einsam und verloren sind. Er sucht sie, bis er sie gefunden hat.“

Die Geschichte vom liebenden Vater

Lukas 15,11–32

„Eines Tages verließ ein junger Mann das Haus seines Vaters“, erzählte Jesus. „Als er sein ganzes Geld ausgegeben hatte, musste er als Schweinehirte arbeiten. Bei meinem Vater würde es mir besser gehen. Ich will wieder zurück zu ihm, beschloss er. Sein Vater hatte schon lange sehnsüchtig auf ihn gewartet. Voller Freude über die Rückkehr des Sohnes feierte er ein Fest. So ist Gott. Er liebt seine Kinder und wartet, bis sie nach Hause kommen.“

Die Geschichte vom sehr reichen Mann

Lukas 12,16–20

„Es war einmal ein sehr reicher Landwirt“, erzählte Jesus. „In einem Jahr war die Ernte sehr gut. Also ließ er seine Scheunen abreißen und neue bauen, die viel größer waren, sodass er darin das Getreide lagern konnte. Er wollte es sich jetzt gut gehen lassen und sein Geld ausgeben und sich an dem freuen, was er für sich allein gehortet hatte. Doch in dieser Nacht starb der Mann.“

Schätze im Himmel

Lukas 12,21; 33–34

„Was hatte er jetzt noch von seinem ganzen Reichtum?“, fragte Jesus. „Seid nicht habgierig. Das Leben ist wichtiger als die Dinge, die man sich mit Geld kaufen kann. Teilt das, was ihr besitzt, mit den Menschen, die es brauchen. Dann werdet ihr euch Schätze im Himmel sammeln, wo die Motten sie nicht fressen und Diebe nicht einbrechen und sie stehlen können.“

Zehn Männer warten auf Jesus

Lukas 17,11–13

Am Rande eines Dorfes standen zehn Männer. Ihre Kleider waren zerrissen und sie hatten viele Verbände. Sie warteten auf Jesus. Die Männer hatten Lepra – eine furchtbare Hautkrankheit. Deshalb mussten sie weit weg von ihren Familien leben, damit diese sich nicht ansteckten und auch noch krank wurden. „Hilf uns, Jesus!“, schrien sie, so laut sie konnten. Die meisten Menschen hatten Angst, den Kranken so nahe zu kommen. Doch Jesus ging auf sie zu.

Nur einer bedankt sich

Lukas 17,14–18

„Geht zu den Priestern und zeigt ihnen, dass ihr gesund seid“, sagte er zu den zehn Männern. Und tatsächlich: Alle waren geheilt. Die Männer konnten es kaum abwarten, wieder bei ihren Familien zu sein! Nur einer, ein Samariter, ging zurück zu Jesus: „Danke, Herr, dass du mich gesund gemacht hast.“ Jesus sah ihn an: „Wo sind die anderen neun Männer? Kommen sie nicht, um Gott die Ehre zu geben? Dein Glaube hat dir geholfen.“

Maria, Marta und Lazarus

Johannes 11,1–7

Lazarus lebte mit seinen zwei Schwestern in Betanien. Jesus besuchte sie oft. Sie waren gute Freunde. Eines Tages war Jesus unterwegs. Da erreichte ihn eine traurige Nachricht: Lazarus war sehr krank. Marta und Maria ließen Jesus sagen, dass er schnell kommen sollte, um ihren Bruder gesund zu machen, doch es dauerte noch einige Tage, bis Jesus in Betanien ankam.

Jesus tröstet Marta

Johannes 11,17–27

Marta wartete schon auf Jesus. Sie hatte sehr traurige Neuigkeiten. „Mein Bruder ist gestorben“, sagte sie ihm. „Wir haben ihn vor vier Tagen beerdigt. Wenn du nur hier gewesen wärest! Dann wäre Lazarus sicher noch am Leben.“ Jesus tröstete sie. „Dein Bruder wird wieder leben“, versicherte er ihr. „Ich habe die Macht über Leben und Tod. Jeder, der an mich glaubt, wird niemals sterben.“ Marta nickte. „Ich weiß, dass du Gottes Sohn bist“, sagte sie.

Lazarus lebt wieder!

Johannes 11,33–44

Viele Menschen waren gekommen, um die Schwestern zu trösten. Sie zeigten Jesus, wo Lazarus begraben war. Jesus war so traurig, dass er mit ihnen weinte – obwohl er schon wusste, was als Nächstes geschehen würde. „Vater im Himmel“, betete Jesus, „lass diese Menschen wissen, dass du mich gesandt hast, um ihnen zu helfen.“ Dann rief Jesus nach Lazarus, er solle aus dem Grab kommen. Alle waren überwältigt, als Lazarus tatsächlich heraustrat. Er lebte! Jesus hatte ein Wunder vollbracht.

Jesus liebt Kinder

Markus 10,13–16

Überall wo Jesus hinkam, brachten Mütter ihre Kinder zu ihm, damit er sie segnete. Die Kinder liebten es, bei Jesus zu sein. Doch manchmal versuchten die Freunde von Jesus, die Kinder wegzuscheuchen. Sie waren der Meinung, dass Jesus zu beschäftigt war oder sich ausruhen müsse. Aber Jesus hatte besonders die Kinder sehr lieb. „Mein Königreich besteht aus Menschen wie diesen Kindern“, erklärte Jesus. „Sie lieben Gott von ganzem Herzen und vertrauen ihm völlig. Haltet sie nicht davon ab, zu mir zu kommen. Sie sind immer willkommen.“

Der blinde Bartimäus

Markus 10,46–47

Jesus war in Jericho. Seine Freunde waren mit ihm gekommen. Viele Menschen hatten sich versammelt, um ihm zuzuhören, und folgten ihm ebenfalls. Das Gedränge auf der Straße war riesengroß. Auch Bartimäus, der Bettler am Straßenrand, wusste, dass Jesus gekommen war – obwohl er nichts sehen konnte. Er war blind. „Jesus, bitte hilf mir!“, schrie er, so laut er konnte.

Ein Blinder kann wieder sehen!

Markus 10,48–52

„Jesus ist viel zu beschäftigt für dich“, sagten die Menschen. Doch Bartimäus wollte sich nicht abweisen lassen. Er schrie noch lauter. Da blieb Jesus stehen. Er bat seine Freunde, Bartimäus zu holen. Als der Blinde vor Jesus stand, sagte er: „Bitte hilf mir, dass ich wieder sehen kann!“ „Weil du mir vertraust, wirst du geheilt werden“, sagte Jesus. „Geh jetzt: Du kannst wieder sehen.“ Erneut war ein Wunder geschehen.

Der Mann auf dem Baum

Lukas 19,1–5

Was machte denn Zachäus, der Steuereintreiber, oben auf dem Baum? Er wollte Jesus sehen – und keiner ließ ihn in der Menschenmenge, die sich versammelt hatte, nach vorne durch. Jeder kannte doch diesen Betrüger! Aber Jesus wusste, dass Zachäus sich auf dem Baum versteckte. Er blieb stehen und schaute zu dem Mann hoch, der sich an die Äste klammerte.

Zachäus begegnet Jesus

Lukas 19,5–10

„Komm herunter, Zachäus!“, forderte Jesus ihn auf. „Ich will heute zu dir nach Hause kommen.“ Die Menschen runzelten die Stirn. Warum war Jesus so nett zu einem Mann, der sie alle betrogen hatte? Doch Jesus wusste, dass Zachäus ihn brauchte. „Deshalb bin ich ja gekommen“, erklärte Jesus später. „Ich möchte den Menschen helfen zu erkennen, dass die schlechten Dinge, die sie tun, sie nicht glücklich machen.“ An diesem Tag änderte Zachäus sein ganzes Leben. Er war ab jetzt ein ehrlicher Mann. Und er versprach, den Menschen das Geld wieder zurückzugeben, wenn er von ihnen zu viel verlangt hatte.

Nach Gottes Maßstab leben

Matthäus 25,31–40

„Gott weiß, wie wir leben“, erklärte Jesus seinen Freunden. „Er freut sich über diejenigen, die freundlich und großzügig sind – die denen zu essen geben, die Hunger leiden, oder die das, was sie haben, mit anderen teilen; über die, die andere im Gefängnis oder im Krankenhaus besuchen. Wenn ihr freundlich und liebevoll zu anderen Menschen seid, ist es genauso, als wärt ihr zu mir so freundlich.“

Egoistisches Verhalten

Matthäus 25,41–46

„Gott ist traurig, wenn er sieht, dass wir uns nicht für andere Menschen interessieren, die frieren oder Hunger leiden, die im Gefängnis oder im Krankenhaus sind“, sagte Jesus. „Gott gefällt es nicht, wenn wir uns nur um unsere eigenen Interessen kümmern. Gott kümmert sich um alle – und er möchte, dass wir uns auch um andere kümmern.“

Ein Fest in Betanien

Johannes 12,1–8

In Betanien hatte Lazarus ein besonderes Abendessen für Jesus organisiert. Marta servierte ein Festmahl und Lazarus saß mit Jesus am Tisch. Da kam Maria herein und goss sehr teures Parfüm über die Füße von Jesus und trocknete sie dann mit ihren langen Haaren ab. „Das hätten wir für viel Geld verkaufen können", sagte Judas ärgerlich. „Jetzt hat sie es verschwendet." Jesus schüttelte den Kopf. „Maria hat es aus Liebe und Großzügigkeit getan", antwortete er. „Sie hat mich für meinen Tod gesalbt."

Der König kommt nach Jerusalem

Lukas 19,28–39

Jesus ritt auf einem Esel nach Jerusalem. Er und seine Freunde wollten dort das Passafest feiern. Viele Menschen standen am Straßenrand und breiteten ihre Kleider wie einen Teppich für Jesus aus. Sie schwenkten große Palmzweige. „Ehre sei Gott!“, jubelten sie. „Hier kommt Jesus, unser König!“ Doch einige der religiösen Anführer waren ebenfalls unter den Menschen. „Sorgt dafür, dass sie schweigen“, sagten sie wütend zueinander. Ihnen gefiel nicht, dass die Menschen Jesus zujubelten.

Ein großes Durcheinander im Tempel

Matthäus 21,12–15

Jesus ging zum Tempel, um zu beten, doch er wurde wütend, als er dorthin kam. Das war kein ruhiger Ort mehr, sondern es herrschte Chaos! Viele Händler verkauften Tiere für das Opfer. Geldwechsler stritten sich mit Besuchern. „Stopp!", schrie Jesus, als er ihre Tische umwarf. „Ihr habt Gottes Haus in ein Kaufhaus verwandelt!" Dann kümmerte sich Jesus um die Menschen, die seine Hilfe brauchten – Menschen, die blind waren oder nicht laufen konnten. Er machte sie wieder gesund.

Die Frau, die alles gibt

Markus 12,41–44

Viele reiche Menschen warfen Geld in die Opferkästen im Tempel. Doch Jesus beobachtete eine arme Witwe, die das einzige Geldstück, das sie besaß, in den Opferkasten legte. „Diese Frau liebt Gott wirklich", sagte Jesus zu seinen Freunden. „Die anderen geben große Summen Geld, doch sie haben noch eine Menge übrig, um es für sich selbst auszugeben. Die Frau aber hat Gott alles gegeben, was sie hatte."

Verschwörungspläne

Matthäus 26,1–5

„Übermorgen werden wir das Passafest feiern“, sagte Jesus zu seinen Freunden. „Dann werden sie kommen und mich festnehmen und wegführen, um mich zu töten.“ Und tatsächlich: Die Priester und religiösen Anführer schmiedeten schon ihre schrecklichen Pläne. „Wir müssen dafür sorgen, dass Jesus nicht mehr zu den Menschen redet“, waren sie sich einig. „Doch wir müssen vorsichtig sein – alle lieben ihn. Wir wollen keinen Aufruhr.“

Seid freundlich zueinander

Johannes 13,1–20

Jesus hatte sich mit seinen Freunden versammelt, um Das Passafest zu feiern. Da geschah etwas Seltsames: Jesus band sich eine Schürze um und wusch seinen Freunden die Füße. „Nein!“, sagte Petrus. „Das ist die Aufgabe eines Dieners.“ Doch Jesus widersprach freundlich. „Deshalb tue ich das, Petrus“, erklärte er. „Keiner von uns ist besser als ein anderer. Ihr müsst zeigen, dass ihr füreinander sorgt, damit die Menschen erkennen, dass ihr meine Nachfolger seid.“

Die Freunde am Tisch

Johannes 13,21–26

Jesus sah sich am Tisch um, als sie sich hinsetzten, um zu Abend zu essen. „Ihr seid meine Freunde“, sagte er. „Doch schon bald wird einer von euch mich an meine Feinde verraten.“ Johannes saß neben Jesus. „Wer sollte so etwas tun?“, fragte er entsetzt. Judas wich dem Blick von Jesus aus und rutschte unruhig auf seinem Stuhl herum. Jesus tauchte etwas Brot in Öl und gab es ihm. Dann sagte er zu Johannes: „Derjenige, der das Brot genommen hat.“

Elf Freunde sind übrig

Johannes 13,27–30

Dann sagte Jesus zu Judas: „Geh jetzt und tue, was du tun musst.“ Judas sah noch einmal die Gruppe am Tisch an. Dann verließ er den Raum und ging hinaus in die Nacht. Judas war der Kassierer der Gruppe. Die anderen glaubten, er würde hinausgehen, um den Armen etwas Geld zu geben. In seiner Tasche klimperten einige Geldmünzen – dreißig Silberstücke, die er bekommen hatte, damit er Jesus an die Soldaten verriet.

Petrus' tapfere Worte

Johannes 13,31–38

„Es ist jetzt bald Zeit für mich, euch zu verlassen“, sagte Jesus zu seinen Freunden. „Liebt einander, so wie ich euch geliebt habe und für euch gesorgt habe.“ – „Aber wohin gehst du?“, fragte Petrus. „Ich würde alles für dich tun!“ Jesus sah ihn traurig an. „Ich weiß, Petrus. Doch bevor der Hahn morgen früh krähen wird, wirst du dreimal behauptet haben, dass du mich nicht kennst.“

Brot und Wein

Markus 14,22–25

Jesus und seine Freunde nahmen zum letzten Mal gemeinsam ihr Essen ein. Jesus brach das Brot in Stücke und teilte es aus. „Esst das", sagte er. „Das ist mein Körper, der für euch gebrochen wird." Anschließend nahm Jesus einen Becher mit Wein und sagte: „Trinkt das. Das ist mein Blut, das für euch vergossen wird."

Jesus betet

Matthäus 26,36–38

Jesus führte seine Freunde zu einem Garten, der Gethsemane hieß. Dort wollte er im Schatten der Olivenbäume beten. „Bitte bleibt hier und schlaft nicht ein“, bat Jesus seine Freunde Petrus, Johannes und Jakobus. „Betet für mich.“ Jesus ging allein etwas weiter, um mit Gott reden zu können.

Jesus ist einsam

Matthäus 26,39

Jesus wusste, dass bald die Soldaten kommen würden, um ihn festzunehmen. Bald würde man ihn wegführen. Und bald würde er sehr einsam sein. „Bitte hilf mir, Vater!“, bat er Gott. „Hilf mir, tapfer zu sein. Ich wünschte, du könntest das Leiden verhindern, das auf mich zukommt. Doch wenn ich morgen sterben muss, dann hilf mir, keine Angst zu haben. Dein Wille soll geschehen.“

Die schlafenden Freunde

Matthäus 26,40–46

Als Jesus zu seinen Freunden zurückkam, waren sie nicht wach geblieben. Sie beteten nicht für ihn. Alle Freunde – sogar Petrus, Johannes und Jakobus – waren eingeschlafen. Jesus weckte sie auf. „Könnt ihr nicht wenigstens eine kurze Zeit für mich beten?“, fragte er sie. Jesus ging noch ein zweites und ein drittes Mal weg, um zu beten – doch seine Freunde schafften es wieder nicht, wach zu bleiben.

Judas und die Soldaten

Matthäus 26,47–56

Plötzlich waren Lichter im Garten. Laute Schritte waren zu hören und kamen immer näher. „Es ist Zeit“, sagte Jesus zu seinen Freunden. Sie erkannten, dass Judas eine Gruppe bewaffneter Soldaten anführte. Sie starrten ihn an, als er einen Schritt vortrat, um Jesus einen Kuss zu geben, so als ob er sein Freund wäre. Judas hatte Jesus an seine Feinde verraten.

Jesus, der Gefangene

Markus 14,46–54

Die Männer gingen auf Jesus zu und nahmen ihn gefangen. Seine Freunde hatten so viel Angst, dass sie wegliefen und Jesus allein ließen. Die Soldaten führten Jesus wie einen Schwerverbrecher durch die dunkle Nacht ab. Petrus wartete, bis sie ein Stück vorgegangen waren, dann folgte er ihnen, ohne entdeckt zu werden.

Petrus weint

Lukas 22,54–62

Petrus wartete im Hof, während Jesus im Haus des Hohenpriesters war. „Dieser Mann ist einer von seinen Freunden“, sagte ein Mädchen, das Petrus beobachtet hatte. „Nein, bin ich nicht!“, sagte Petrus schnell. „Ja“, sagte eine andere, „ich glaube, du hast recht.“ Petrus leugnete es wieder. „Er hat sogar den gleichen Akzent wie Jesus“, sagte jemand etwas später. „Das stimmt nicht!“, sagte Petrus. „Ich habe es euch doch gesagt – ich kenne Jesus nicht!“ Da krähte der Hahn. Petrus weinte, als er sich an das erinnerte, was Jesus gesagt hatte.

Die wütende Menge

Matthäus 27,11–25

Pontius Pilatus, der römische Verwalter, war dabei, Jesus zu befragen. Nur er konnte darüber entscheiden, ob jemand zum Tode verurteilt wurde. Pilatus war sich sicher, dass Jesus unschuldig war, doch er wusste, dass die Priester seinen Tod wollten. Draußen brüllte eine wütende Menge: „Kreuzige ihn! Kreuzige ihn!“

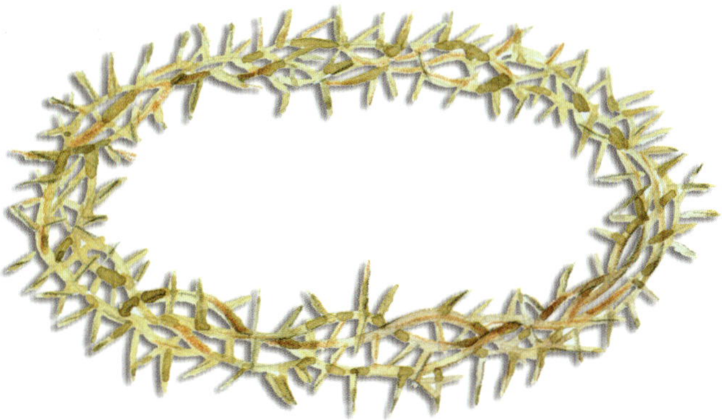

Die Dornenkrone

Matthäus 27,26–31

„Es ist Passa“, sagte Pilatus zu der Menge. „Ich kann einen Gefangenen freilassen. Wollt ihr Barabbas, den Mörder? Oder diesen Mann – diesen Jesus aus Nazareth?“ Sie brüllten noch lauter: „Lass Barabbas frei! Kreuzige Jesus!“ Da übergab Pilatus Jesus an die Soldaten. Sie zogen ihm einen roten Umhang über, drückten eine Krone aus Dornen auf seinen Kopf und schlugen auf ihn ein. So machten sie sich über den Mann lustig, den sie „König Jesus“ nannten.

Am Freitagmorgen

Johannes 19,17; Lukas 23,27

Jesus stolperte, als die Soldaten ihn gewaltsam davonführten, um ihn außerhalb der Stadtmauern zu kreuzigen. Einige der Menschen, die zusahen, waren seine Freunde gewesen. Sie hatten gehört, wie Jesus über Liebe und Freundlichkeit gesprochen hatte. Sie hatten gesehen, wie er Kranke geheilt hatte, die sie kannten. Sie wussten, dass er ein guter Mensch war, und sie weinten um ihn.

Am Kreuz zwischen zwei Verbrechern

Lukas 23,32–38

Jesus wurde gezwungen, das Holz selbst zu tragen, an dem er gekreuzigt werden sollte. Als er den Hügel Golgatha erreichte, befestigten die Soldaten ein Schild daran, auf dem geschrieben war: „Das ist der König der Juden.“ Dann nagelten sie ihn ans Kreuz, zwischen zwei Verbrechern. „Vergib ihnen“, betete Jesus zu Gott. „Sie wissen nicht, was sie gerade tun.“

Die Kreuze auf dem Hügel

Lukas 23,39–43

Kurz bevor er starb, fragte einer der Verbrecher Jesus: „Du hast andere Menschen gerettet – warum rettest du dich nicht selbst?“ Doch der andere Verbrecher antwortete ihm: „Lass ihn in Ruhe! Wir haben es verdient, mit dem Tod bestraft zu werden, doch dieser Mann hat nichts Böses getan. Jesus, bitte denke an mich, wenn du im Paradies bist.“ Jesus versprach ihm, dass er noch am selben Tag mit Jesus im Himmel sein würde.

Johannes und Maria

Johannes 19,25–27

Unter den Menschen, die sich dort versammelt hatten, wo Jesus gekreuzigt wurde, waren auch seine Mutter Maria und sein Freund Johannes. „Mutter!“, rief Jesus. „Das ist jetzt dein Sohn. Johannes! Kümmere dich an meiner Stelle um meine Mutter Maria.“ Maria weinte und Johannes tröstete sie. Viele Stunden vergingen. Jesus wurde immer schwächer.

Der Sohn Gottes

Matthäus 27,46–54

Jesus wusste, dass er stellvertretend für andere starb, nicht wegen seines eigenen Verhaltens. Er wusste, dass er aus diesem Grund geboren worden war, damit Gott und die Menschen versöhnt werden. Doch jetzt fühlte er sich sehr einsam. Jesus schrie laut auf und starb. In diesem Moment gab es ein Erdbeben. Ein Soldat, der beim Kreuz stand, sagte: „Dieser Mann war wirklich Gottes Sohn."

Der Tod von Jesus

Matthäus 27,55–58; Johannes 19,34

Einige Frauen, die auch zu den Freunden von Jesus gehört hatten, standen weinend beim Kreuz. Der Sabbat hatte schon fast begonnen und sie wollten nicht, dass sein Körper am Kreuz hängen bleiben musste. Josef aus Arimathäa ging zu Pilatus und fragte ihn, ob er Jesus in seinem eigenen Grab beerdigen dürfte. Pilatus war einverstanden. Die Soldaten stachen ein Schwert in die Seite von Jesus, um ganz sicher zu sein, dass er wirklich tot war.

Die Freunde beerdigen Jesus

Johannes 19,39–42

Josef kam mit Nikodemus und hob den Körper von Jesus vom Kreuz. Sie trugen ihn zu einem Garten, wo ein neues Grab in einen Felsen gehauen worden war, und wickelten den Körper in Gewürze und ein sauberes Leinentuch ein. Die Männer verschlossen das Grab sorgfältig und rollten einen schweren Stein vor den Eingang.

Maria Magdalena weint

Matthäus 27,61; Lukas 8,2

An diesem Freitagabend folgten einige Frauen Josef und Nikodemus. Sie wollten sehen, wo die Männer den Körper von Jesus beerdigten, denn sie wollten nach dem Sabbat wiederkommen, um ihn noch einmal zu salben. Jesus war zu Maria Magdalena sehr freundlich gewesen. Viele andere Menschen wollten nichts mit ihr zu tun haben. Aber Jesus hatte sie geheilt und war ihr Freund gewesen. Jetzt weinte sie um ihn.

Am frühen Sonntagmorgen

Lukas 23,56–24,1

Der Sabbat hatte bei Sonnenuntergang am Freitagabend begonnen. Die Frauen und die Freunde von Jesus hatten sich am Samstag ausgeruht. Sie hatten gebetet und Gott die Ehre gegeben. Doch ohne Jesus war es nicht dasselbe. Jetzt, da der Sabbat vorbei war, verließ Maria Magdalena schon vor Sonnenaufgang ihr Haus. Sie wollte unbedingt zum Grab von Jesus gehen.

Das Grab im Garten

Markus 16,1–2

Maria traf sich mit Salome und Maria, der Mutter von Jakobus. Zusammen gingen sie zu dem Garten, wo sie Josef und Nikodemus dabei beobachtet hatten, wie sie den Körper von Jesus in ein neues Grab gelegt hatten. Sie nahmen Gewürze und Öle mit, um den Körper von Jesus zu salben.

Wer hat den Stein weggerollt?

Markus 16,2–4

Es war noch sehr früh am Morgen, als die Frauen den Garten erreichten. Sie hatten sich Sorgen gemacht, wie sie den schweren Stein wegrollen sollten, der das Grab verschloss. Doch als sie beim Grab ankamen – war der Stein bereits weggerollt! Das Grab war offen! Und der Leichnam von Jesus war nicht mehr da. Es lagen nur noch die Tücher da, in die man ihn eingewickelt hatte.

Die Botschaft der Engel

Lukas 24,4–8

Als sie sich verwundert fragten, was nur geschehen war und warum der Leichnam von Jesus nicht mehr da war, erschienen zwei Engel. „Warum sucht ihr Jesus hier bei den Toten? Erinnert ihr euch nicht – er hat euch doch gesagt, dass er am dritten Tag vom Tod auferstehen würde. Jesus lebt!“

Das leere Grab

Lukas 24,9–11

Die Frauen konnten es nicht erwarten, den Freunden von Jesus zu erzählen, was sie gesehen hatten. Sie rannten zurück in die Stadt und erzählten den elf Freunden und allen anderen, die Jesus kannten, dass der Stein weggerollt war und Jesus nicht mehr im Grab lag! Die Männer konnten diese Neuigkeit nicht glauben. Sie wollten es mit eigenen Augen sehen.

Johannes glaubt

Johannes 20,3–8

Petrus und Johannes liefen eilig in den Garten, wo das Grab von Jesus war. Sie sahen, dass sein Körper verschwunden war – so wie es die Frauen erzählt hatten. Nur noch das Leinentuch, das um seinen Körper gewickelt gewesen war, lag da. Jetzt begriff Johannes, was geschehen war – und er glaubte, dass Jesus tatsächlich vom Tod auferstanden war und dass er lebte!

Maria begegnet Jesus

Johannes 20,10–17

Die Männer kehrten in die Stadt zurück, doch Maria blieb noch im Garten zurück. Ihre Augen waren voller Tränen, als sie plötzlich hinter sich etwas hörte. Zuerst dachte sie, es sei der Gärtner, aber dann erkannte sie die Stimme. Es war Jesus! Sie war überglücklich, dass sie ihn lebend sah und mit ihm reden konnte! „Erzähle den anderen, dass du mich gesehen hast“, sagte Jesus.

Die gute Nachricht von Jesus

Johannes 20,18

Maria rannte zurück zu den elf Freunden von Jesus. Dieses Mal war sie nicht mehr verwirrt – sie war sehr glücklich. Sie erzählte ihnen die gute Nachricht. „Ich habe ihn gesehen!", sagte sie, als sie wieder zu Atem gekommen war. „Jesus ist tatsächlich am Leben – und ich habe ihn gesehen!"

In einem verschlossenen Raum

Johannes 20,19–29

Etwas später an diesem Tag kam Jesus zu seinen Freunden, die sich hinter verschlossenen Türen versteckt hatten. Thomas war nicht dabei. Als sie ihm später erzählten, dass sie Jesus gesehen hatten, glaubte er ihnen nicht. „Ich will erst selbst meine Hände in seine Wunden legen, dann glaube ich, dass er lebt.“ Acht Tage später erschien Jesus wieder. „Komm her, Thomas, und sieh dir meine Wunden an“, sagte Jesus. Thomas fiel auf die Knie. Jetzt glaubte auch er, dass Jesus tatsächlich lebte!

Sonnenaufgang am See Genezareth

Johannes 21,4–6

Bei Sonnenaufgang stand Jesus am Ufer des Sees Genezareth. Er röstete etwas Brot über einem Lagerfeuer. In der Ferne auf dem See konnte er ein paar seiner Freunde in einem Fischerboot erkennen. „Werft eure Netze auf der rechten Seite des Bootes aus!“, rief er ihnen zu.

Ein großer Fischfang

Johannes 21,1–3. 6

Petrus, Jakobus, Johannes, Thomas und einige weitere Männer hatten schon die ganze Nacht gefischt. Inzwischen ging die Sonne wieder auf und sie hatten nichts gefangen. Doch sie warfen ihre Netze auf der anderen Seite des Bootes aus, so wie es der Mann am Ufer ihnen gesagt hatte. Sie erkannten nicht, dass es Jesus war. Ein paar Minuten später waren ihre Netze so voller Fische, dass ihr Boot zu sinken drohte und andere ihnen zu Hilfe kommen mussten.

Vergebung für Petrus

Johannes 21,7–17

Petrus begriff auf einmal, dass der Mann am Ufer Jesus war! Nichts hielt ihn mehr im Boot. So schnell er konnte, schwamm er ans Ufer zu Jesus. Eine Weile später, als sie gemeinsam Brot und Fisch aßen, war Petrus sehr schweigsam. Er fühlte sich immer noch schuldig, weil er Jesus in der Nacht, als er gefangen genommen worden war, verleugnet hatte. „Liebst du mich, Petrus?“, fragte Jesus. „Ja, Herr, du weißt, dass ich das tue!“, antwortete er. Dann gab Jesus ihm den Auftrag, sich weiter um seine Freunde zu kümmern.

Jesus kehrt zu seinem Vater zurück

Apostelgeschichte 1,1–11

Jesus traf seine Freunde noch einige Male, bevor es für ihn Zeit war, zu Gott, seinem Vater im Himmel, zurückzukehren. „Eines Tages werde ich wiederkommen“, versprach er ihnen. „Doch jetzt wartet auf den Heiligen Geist. Er wird euch die Kraft geben, großartige Dinge zu tun.“ Jesus verließ seine Freunde und kehrte in den Himmel zurück.

Das Wunder an Pfingsten

Apostelgeschichte 2,1–4

Aus der ganzen Welt waren Menschen nach Jerusalem gekommen, um das Pfingstfest zu feiern. Die Freunde von Jesus waren gerade alle beisammen, als plötzlich ein Geräusch wie ein lauter Wind das Haus erfüllte. Der Heilige Geist kam über sie und gab ihnen die Kraft, die Dinge zu tun, die Jesus ihnen aufgetragen hatte.

Petrus erzählt von Jesus

Apostelgeschichte 2,14–41

Petrus war nicht länger der einfache Fischer, der er zuvor gewesen war. Der Heilige Geist half ihm, sodass er einer so großen Menschenmenge von Jesus erzählen konnte. „Jesus starb am Kreuz – doch Gott hat ihm neues Leben geschenkt! Glaubt daran, dass Jesus der Sohn Gottes ist. Er wird euch alles Böse vergeben.“ Ungefähr 3000 Menschen glaubten der Botschaft von Petrus und wurden an diesem Tag Christen.

Mehr als Silber und Gold

Apostelgeschichte 3,1–10

Bald danach gingen Petrus und Johannes zum Tempel, um dort zu beten. Ein Mann, der nicht gehen konnte, bettelte sie an und bat um Geld. „Ich habe kein Silber oder Gold, das ich dir geben könnte“, antwortete Petrus, „doch im Namen von Jesus kann ich dich heilen – das ist viel besser!“ Sofort war der Mann in der Lage, aufzustehen und herumzulaufen – und er dankte Gott, dass er ihn geheilt hatte.

Im Gefängnis

Apostelgeschichte 4,1–3

Die Menschen waren sehr überrascht, dass der Mann wieder laufen konnte. Doch es freuten sich nicht alle darüber. Die Tempelaufseher hatten geglaubt, dass ihre Probleme mit dem Tod von Jesus zu Ende wären – doch es schien, als würden die Schwierigkeiten jetzt erst richtig anfangen! Sie verhafteten Petrus und Johannes und schlossen sie in einer Gefängniszelle ein.

Petrus steht Rede und Antwort

Apostelgeschichte 4,7–20

Petrus antwortete mutig auf die Frage, was geschehen sei. „Jesus hat den Mann geheilt, nicht ich – ihr habt das Wunder doch mit euren eigenen Augen gesehen.“ Die Tempelaufseher wagten nicht, die beiden lange im Gefängnis zu lassen, weil so viele Menschen Gott für das Heilungswunder lobten. Sie verboten Petrus und Johannes weiter über Jesus zu sprechen. „Doch das sind so gute Neuigkeiten – wie könnten wir das für uns behalten?“, antwortete Petrus.

Stephanus wird verhaftet

Apostelgeschichte 4,4. 32–35; 6,1–7.57

Inzwischen gab es ungefähr 5000 Menschen in Jerusalem, die so lebten, wie Jesus es sie gelehrt hatte, und die alles miteinander teilten. Gott segnete Stephanus besonders, sodass er Menschen heilen konnte, die krank waren, und mutig von Jesus erzählte. Die Tempelaufseher ließen ihn verhaften und sorgten dafür, dass er zum Tod verurteilt wurde.

Stephanus' Tod

Apostelgeschichte 7,58–8,1; 9,1–2

Saulus stand dabei und sah zu, wie Stephanus gesteinigt wurde. Das gefiel ihm. Saulus glaubte zwar an Gott – doch er war sich sicher, dass die Nachfolger von Jesus unrecht hatten. Er glaubte nicht daran, dass Jesus wirklich der Sohn Gottes war. Er hielt ihn für einen Lügner. Saulus setzte nun alles daran, die Nachfolger von Jesus zu verfolgen und ins Gefängnis zu bringen.

Auf dem Weg nach Gaza

Apostelgeschichte 8,26–30

Das Leben war gefährlich für die Menschen, die Jesus nachfolgten – doch sie wussten, dass Jesus ihnen half und bei ihnen war, auch wenn sie ihn nicht sehen konnten. Einige verließen Jerusalem. Überall dort, wohin sie kamen, erzählten sie von Jesus. Auf der Straße, die nach Gaza führte, bot Philippus einem Mann aus Äthiopien seine Hilfe an. Er saß in einer Kutsche und las in einer Schriftrolle von Jesaja, wo von Jesus die Rede war.

Ein neuer Nachfolger

Apostelgeschichte 8,31–38

„Kannst du mir helfen?“, fragte der Mann Philippus. „Ich verstehe das nicht.“ Philippus erklärte ihm alles über Jesus, was er wusste – dass er an einem Kreuz gestorben war, damit allen Menschen, die an ihn glaubten, die Schuld vergeben werden konnte. Der Mann wollte seine Schuld bekennen und sich taufen lassen. Da taufte Philippus ihn in einem See. Und der Mann aus Äthiopien fuhr voller Freude wieder zurück in seine Heimat.

Saulus reist nach Damaskus

Apostelgeschichte 9,1–4

Saulus reiste mit einigen Freunden nach Damaskus, um dort nach weiteren Christen zu suchen. Er wollte sie alle ins Gefängnis werfen. Doch unterwegs geschah etwas, das sein Leben für immer veränderte. Saulus sah ein grelles Licht vom Himmel, das ihn erblinden ließ, und hörte die Stimme von Jesus: „Saulus, warum verfolgst du mich? Warum verfolgst du meine Freunde?“

Eine neue Aufgabe für Saulus

Apostelgeschichte 9,6–19

Auch die Freunde von Saulus hatten die Stimme von Jesus gehört. Sie brachten Saulus nach Damaskus, denn er konnte nichts mehr sehen. Die nächsten drei Tage verbrachte Saulus mit Beten. Gott sagte ihm, dass ein Mann namens Hananias kommen und ihn von seiner Blindheit heilen würde. „Saulus wird Menschen in aller Welt dabei helfen, dass sie verstehen, wer Jesus ist“, erklärte Gott Hananias. Saulus wurde geheilt und ließ sich als Christ taufen.

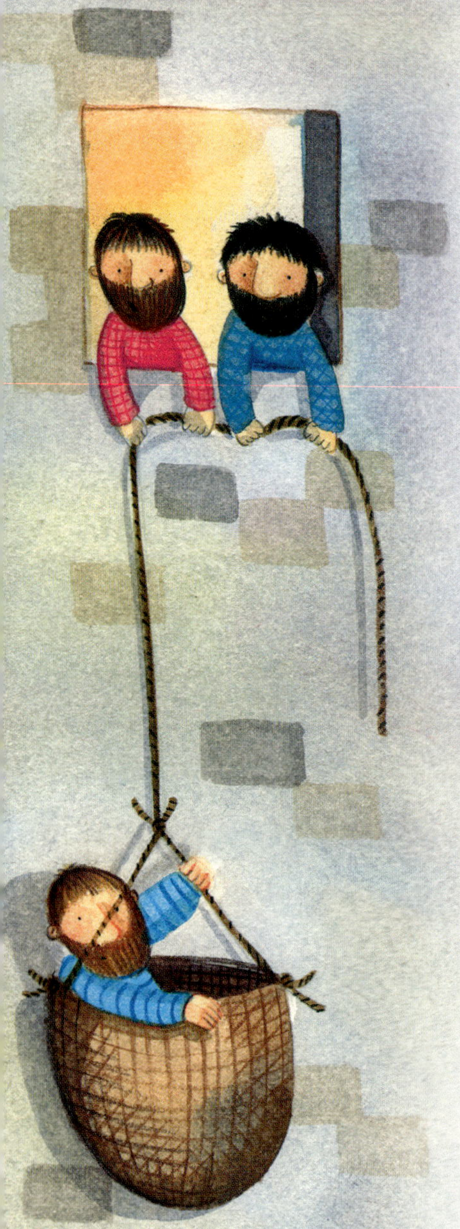

Saulus wird Paulus

Apostelgeschichte 9,20–25

Saulus bekam einen neuen Namen. Er hieß nun Paulus. Und er konnte es nicht abwarten, allen Menschen von Jesus zu erzählen. Keiner konnte die Veränderung begreifen, die mit ihm geschehen war. Das bedeutete auch, dass Paulus jetzt viele Feinde hatte. Die Menschen, die ihn beauftragt hatten, die Christen aufzuspüren und zu verhaften, waren jetzt hinter Paulus her! Aber seine neuen Freunde halfen ihm und ließen ihn heimlich bei Nacht in einem Korb über die Stadtmauer herunter, sodass er entkommen konnte.

Kornelius sieht einen Engel

Apostelgeschichte 10,1–8

Kornelius war ein Soldat in der römischen Armee. Auch er liebte Gott, betete oft und spendete den Armen viel Geld. Eines Tages wurde er von einem Engel überrascht, der ihm sagte, dass er Petrus besuchen sollte, der in der Stadt Joppe am Meer war. Petrus würde ihm dabei helfen, alles das zu verstehen, was er wissen wollte. Also schickte Kornelius Boten nach Joppe, um Petrus zu finden.

Petrus' seltsamer Traum

Apostelgeschichte 10,9–48

Als Petrus das Klopfen an seiner Tür hörte, war er auf den Besuch vorbereitet, denn er hatte einen seltsamen Traum gehabt. Er hatte ein Tuch voll mit Tieren gesehen und den Befehl gehört, die Tiere zu essen. „Aber es ist uns Juden doch verboten, diese Tiere zu essen", hatte er zu Gott gesagt. „Jetzt nicht mehr", hatte Gott ihm erklärt. Als Petrus nun Kornelius traf, verstand er, dass Gottes Königreich nun für alle Menschen offen war, auch für die Ausländer – und er taufte den Soldaten und seine Familie.

Der gefangene Petrus

Apostelgeschichte 12,1–6

Der neue König in Judäa hatte Jakobus, einen der ersten Freunde von Jesus, töten lassen. Dann wurde auch Petrus ins Gefängnis geworfen und gefesselt und sollte auf seinen eigenen Tod warten. Rechts und links von ihm und auch vor der Tür standen Wachen. Alle Freunde von Petrus hatten große Angst. Sie trafen sich, um für seine Sicherheit zu beten.

Ein Wunder im Gefängnis

Apostelgeschichte 12,7–17

Gott erhörte die Gebete der Christen . Er schickte einen Engel in die Gefängniszelle von Petrus. Plötzlich fielen die Ketten von seinen Händen und die Türen öffneten sich von selbst! Petrus folgte dem Engel vorbei an den Wachen und hinaus in die Freiheit. Dann lief er zum Haus seiner Freunde, um ihnen von dem Wunder zu erzählen, das er erlebt hatte. Sie konnten es kaum glauben!

Paulus in Schwierigkeiten

Apostelgeschichte 14,8–19

Paulus reiste von Ort zu Ort. Manchmal wurde er willkommen geheißen. In Lystra heilten er und Barnabas einen Mann, der nicht gehen konnte – doch als die Menschen das sahen, wollten sie die beiden Männer anbeten. „Nein, wir sind keine Götter – wir beten den einen Gott an, der Himmel und Erde erschaffen hat und uns die Kraft gibt, Kranke zu heilen“, erklärte Paulus ihnen. Doch die Menschen wollten das nicht hören. Sie wurden wütend und bewarfen Paulus mit Steinen, sodass er schwer verletzt liegen blieb.

Erdbeben und große Wunder

Apostelgeschichte 16,23–34

In Philippi wurden Paulus und sein Freund Silas geschlagen und ins Gefängnis geworfen, wo ihre Füße festgekettet wurden. Gegen Mitternacht sangen sie Loblieder und beteten. Plötzlich gab es ein Erdbeben, und die Ketten der Gefangenen fielen ab und alle Türen waren offen. Der Gefängnisaufseher nahm sein Schwert, um sich selbst zu töten, weil er glaubte, die Gefangenen seien entkommen. Doch Paulus hielt ihn auf. „Wie kann ich gerettet werden?“, fragte der Aufseher. „Vertraue Jesus und lass dich taufen!“, antwortete Paulus. An diesem Tag wurden der Aufseher und seine Familie Christen.

Die Reisen von Paulus

Apostelgeschichte 13–20

Als Paulus und Silas aus dem Gefängnis entlassen wurden, zogen sie weiter in andere Städte, um den Menschen in aller Welt von Jesus zu erzählen, von seinem Tod am Kreuz und dass ihnen deshalb ihre Schuld vergeben werden konnte, wenn sie an Jesus glaubten. Die Menschen hörten zu. Viele ließen sich taufen, und an einigen Orten wie Korinth, Philippi und Ephesus entstanden neue christliche Gemeinden.

Paulus in Schwierigkeiten

Apostelgeschichte 13,1–27,41

Paulus wurde oft angegriffen, geschlagen oder verhaftet. Das nahm er in Kauf, solange er weiterhin den Menschen von Jesus erzählen konnte. Doch nachdem er viele Jahre im Gefängnis gesessen hatte, verlangte er, für eine Gerichtsverhandlung zum Kaiser nach Rom gebracht zu werden, denn er war römischer Bürger. Lukas reiste mit ihm auf einem Schiff nach Rom. Unterwegs gerieten sie in einen heftigen Sturm. Zusammen mit den anderen Gefangenen erlitten sie Schiffbruch.

Endlich gerettet

Apostelgeschichte 27,42–28,10

Paulus wusste, dass Gott es nicht zulassen würde, dass er jetzt starb. Alle 276 Menschen, die an Bord gewesen waren, erreichten das Ufer, indem sie sich an die Wrackteile des Schiffes klammerten. Die Menschen auf der Insel Malta, an der sie gestrandet waren, kümmerten sich um sie, bis sie sicher auf einem anderen Schiff nach Rom weiterreisen konnten. Während der Monate, die sie auf Malta waren, heilte Paulus Menschen, die krank waren, und erzählte auch ihnen von Jesus.

Das Leben in Rom

Apostelgeschichte 28,11–31

Als Paulus in Rom ankam, wurde er unter Hausarrest gestellt. Es wurde ihm gestattet, Besuch zu empfangen und von Jesus zu erzählen – doch es waren immer Soldaten bei ihm, die ihn bewachten. Man ließ ihn nicht wieder frei.

Die Briefe von Paulus

2. Korinther 12,9

Paulus schrieb Briefe an die Christen in den Gemeinden, die er gegründet hatte, um sie zu ermutigen, Jesus nachzufolgen, und um ihnen bei den Problemen zu helfen, die sie als neue Christen hatten. „Das Wichtigste, was ihr tun könnt", schrieb Paulus, „ist, andere Menschen zu lieben. Redet nicht schlecht übereinander und belügt euch nicht. Seid nicht stolz oder grausam. Seid nicht habgierig und erinnert die Menschen nicht ständig an das, was sie falsch gemacht haben. Nehmt die anderen wichtiger als euch selbst. Kümmert euch um die Schwachen. Das ist die beste Möglichkeit, um ihnen zu zeigen, dass ihr Gott liebt. Und wenn ihr einmal schwach seid, dann schenkt Gott euch neue Kraft. Erwartet Großes von ihm."